经济政策不确定性与微观企业决策：理论和中国实践

李凤羽 著

科学出版社

北 京

内 容 简 介

本书全面系统介绍经济政策不确定性影响微观企业决策的主要理论、分析方法和实际应用，全书分为上、下两篇：上篇为"理论篇"，主要介绍经济政策不确定性影响微观企业决策的基本理论和最新进展，同时对国内外实证发现进行梳理；下篇为"中国经验篇"，以 A 股市场上市公司、机构投资者为研究对象，分析经济政策不确定性上升如何影响中国上市公司经营决策和机构投资者的资产配置策略，从而应用现有理论解释中国资本市场的现实问题。

本书既可作为硕士生和博士生的课堂教材，也可作为从事相关领域研究的国内学者的参考资料。

图书在版编目（CIP）数据

经济政策不确定性与微观企业决策：理论和中国实践/李凤羽著. —北京：科学出版社，2021.4
ISBN 978-7-03-064747-4

Ⅰ.①经… Ⅱ.①李… Ⅲ.①经济政策–影响–企业管理–经营决策–研究–中国 Ⅳ.①F279.23

中国版本图书馆 CIP 数据核字（2020）第 052370 号

责任编辑：陶 璇 / 责任校对：贾娜娜
责任印制：张 伟 / 封面设计：无极书装

科学出版社 出版
北京东黄城根北街 16 号
邮政编码：100717
http://www.sciencep.com

北京凌奇印刷有限责任公司 印刷
科学出版社发行 各地新华书店经销

*

2021 年 4 月第 一 版 开本：720×1000 B5
2021 年11月第二次印刷 印张：9 1/4
字数：186 000
定价：86.00 元
（如有印装质量问题，我社负责调换）

本书得到国家自然科学基金项目（71772030；71971046；71471031；71702025）、国家社会科学基金重大项目（19ZDA094）、辽宁特聘教授滚动支持计划（辽教函〔2018〕35号）、教育部人文社会科学研究一般项目（19YJC790170；18YJA790115；17YJC790149）、辽宁省教育厅项目（LN2019Z11；LN2019Q41）、辽宁省"兴辽英才计划"项目（XLYC1807128；XLYC1907030）、辽宁省社会科学规划基金一般项目（L20BJY027；L20BJY031）和大连市第二批领军人才项目（大人社发〔2018〕573号）资助。

目 录

上篇 理 论 篇

第1章 经济政策不确定性影响企业投资决策的理论逻辑与实证发现 ········· 3
  1.1 经济政策不确定性影响企业投资的案例——英国脱欧与企业投资 ······ 3
  1.2 经济政策不确定性影响企业投资决策的经济机制 ······················· 5
  1.3 经济政策不确定性影响企业投资的实证发现 ···························· 8
  1.4 实物期权理论简介 ···12

第2章 经济政策不确定性影响企业融资决策的理论逻辑 ························14
  2.1 经济政策不确定性影响企业融资的历史与案例——美国总统大选··· 14
  2.2 经济政策不确定性影响企业融资的经济机制 ··························· 16
  2.3 经济政策不确定性影响企业融资的实证发现 ··························· 18
  2.4 资本结构相关理论简介 ··· 21

第3章 经济政策不确定性影响非金融企业分配决策的理论逻辑 ················24
  3.1 经济政策不确定性影响企业分配决策的历史与案例 ·················· 24
  3.2 经济政策不确定性影响企业分配决策的经济机制 ····················· 24
  3.3 经济政策不确定性影响企业分配决策的实证发现 ····················· 26
  3.4 相关理论简介 ·· 28

第4章 经济政策不确定性影响企业研发决策的理论逻辑 ························31
  4.1 经济政策不确定性影响企业研发决策的历史与案例——中美贸易战 31
  4.2 经济政策不确定性影响企业研发决策的经济机制 ····················· 33
  4.3 经济政策不确定性影响企业研发决策的实证发现 ····················· 36
  4.4 相关理论简介：创新激励机制简介 ······································· 39

第5章 经济政策不确定性影响资产价格的理论逻辑 ·····························40
  5.1 经济政策不确定性影响资产价格的历史与案例——美国次贷危机 ··· 40

5.2 经济政策不确定性影响资产价格的经济机制 ········· 42
5.3 经济政策不确定性影响资产价格的实证发现 ········· 43
5.4 相关理论简介 ························· 45

第6章 经济政策不确定性影响企业现金持有策略的理论逻辑 ····· 48
6.1 经济政策不确定性影响企业现金持有策略的历史与案例——
金融危机期间公司现金持有决策 ··············· 48
6.2 经济政策不确定性影响企业现金持有策略的经济机制 ···· 49
6.3 经济政策不确定性影响企业现金持有策略的实证发现 ···· 50
6.4 相关理论简介 ························· 52

下篇 中国经验篇

第7章 经济政策不确定性会抑制企业投资吗? ············· 57
7.1 引言与背景 ·························· 57
7.2 待检验假设与研究设计 ···················· 60
7.3 样本数据和描述性统计 ···················· 66
7.4 实证分析结果 ························· 68
7.5 稳健性分析 ·························· 70
7.6 进一步扩展 ·························· 72
7.7 结论和政策建议 ······················· 79

第8章 经济政策不确定性与企业现金持有策略 ············ 81
8.1 引言与背景 ·························· 81
8.2 待检验假设与研究设计 ···················· 84
8.3 样本数据和描述性统计 ···················· 89
8.4 实证分析结果 ························· 91
8.5 稳健性分析 ·························· 94
8.6 进一步扩展 ·························· 95
8.7 结论和政策建议 ······················· 98

第9章 经济政策不确定性能够影响投资基金的资产配置策略吗? ···· 99
9.1 引言与背景 ·························· 99
9.2 待检验假设与研究设计 ···················· 102
9.3 样本数据和描述性统计 ···················· 106
9.4 实证分析结果 ························· 108

9.5　结论 ··· 112

第10章　经济政策不确定性能够影响企业应计项目吗? ······················ 113
　　10.1　引言与背景 ·· 113
　　10.2　理论分析与研究假设 ·· 114
　　10.3　研究设计 ··· 116
　　10.4　实证结果分析 ··· 119
　　10.5　结论和建议 ··· 127

参考文献 ··· 129

上篇 理 论 篇

第1章 经济政策不确定性影响企业投资决策的理论逻辑与实证发现

1.1 经济政策不确定性影响企业投资的案例——英国脱欧与企业投资

英国脱欧,指的是英国脱离欧洲联盟计划,英文简称 Brexit,即 British exit(译为英国退出)。由于历史与地理原因,19 世纪晚期以来,英国一直奉行对欧洲大陆事务不干预政策,被称为"光荣的孤立"。"疑欧"的历史传统以及和欧洲大陆经济发展相异的模式使英国长期和欧洲大陆若即若离。在"疑欧"人士看来,欧盟未来的一些政策趋势可能损害到英国的利益。欧债危机的蔓延,不仅使英国的"疑欧"之心快速发酵,也加快了脱欧脚步。与此同时,欧盟其他国家的民众也对英国渐生不满,认为英国不仅否决欧元,不参加欧盟的危机救助方案,还反对一切金融监管政策,因此英国脱欧对欧盟的发展来说反而是好事。至此,双方的相互信任已经降到历史低点。

英国并非欧元区国家,可以发行自己独立的货币,从而有利于保持其出口竞争力,拥有自主的财政政策。但这使英国很难真正地加入欧洲大陆的事务处理。尤其是欧债危机的关键时期,由于各种利益分歧明显,脱欧的声音也甚嚣尘上。2013 年 1 月 23 日,时任英国首相卡梅伦正式就英国与欧盟关系前景发表讲话。卡梅伦承诺,如果他赢得预定于 2015 年举行的大选,会在一年内批准所需法律,制定与欧盟关系的新原则,然后就脱欧问题举行全民公投,让人民有机会选择继续留在或退出欧盟。卡梅伦称,如果欧盟不采取措施解决核心问题,英国将有可能退出该组织。

2013 年 1 月 23 日,英国首相卡梅伦首次提及脱欧公投。2016 年 6 月,英国全民公投决定脱欧。2017 年 3 月 16 日,英国女王伊丽莎白二世批准脱欧法案，授权特雷莎·梅正式启动脱欧程序。3月29日，脱欧程序正式启动。根据英国与欧盟的协议，英国应在2019年3月29日正式脱欧。2018年6月26日，英国女王批准英国脱欧法案，允许英国退出欧盟。7月12日，英国发布脱欧白皮书。11月25日，欧盟除英国外的27国领导人一致通过了英国脱欧协议草案。12月10日，欧洲法院裁定，英国可单方面撤销脱欧决定。2019年3月12日，英国议会就修改后的脱欧协议进行了再次投票表决，但该协议仍然没有通过。4月10日，欧盟各国达成一致，同意将英国脱欧日期延迟至10月31日。4月12日，英国前独立党党魁法拉奇宣布成立脱欧党。10月17日，欧盟委员会主席容克与英国首相约翰逊宣布欧盟与英国达成新的脱欧协议。10月19日，英国议会要求首相寻求再度推迟脱欧。10月22日，英国将暂停脱欧协议法案后续的审议、三读等立法程序，直到欧盟对英国延期脱欧的申请给出回复。2019年10月22日，英国议会下院投票否决了首相约翰逊为推动脱欧协议尽快在英国议会通过而制定的立法时间表。①

随着脱欧进程逐渐展开，英国政治领域的各种危机也以更加清晰的方式呈现出来。英国脱欧就像是打开了"潘多拉魔盒"，使英国陷入了一个又一个政治危机之中。其中最严重的危机在于，英国面临着严重的政治分裂。这种分裂不仅存在于不同政党、不同派别之间，而且出现在执政的保守党和其他政党内部；它也不是简单的"脱欧"与"留欧"、"硬脱欧"与"软脱欧"的政策之争，而是反映政治理念和价值观方面的更深层次的分歧。伴随着英国脱欧进程的波折进展，英国经济感受到了愈加明显的压力。由于脱欧不确定性带来的投资者和消费者信心不足，经济增速出现大幅下滑，财政政策和货币政策亦左右为难，伦敦的金融业也受到了一定的影响。

英国央行英格兰银行2019年8月30日发布的报告显示，自2016年脱欧公投以来，英国企业投资和劳动生产率明显下降，多数企业将脱欧视为其面临的主要不确定性因素之一。自脱欧公投以来，英国企业投资下降了11%，劳动生产率下降了2%~5%。该报告认为，劳动生产率下降的主要原因在于企业高级管理层每周花费数小时来为脱欧做准备。此外，与脱欧相关的负面影响还包括公司对研发和人员培训投入减少、跨国投资水平降低，以及熟练外国工人供应减少等。英格兰银行行长Mark Carney在2018年8月的季度通货膨胀媒体发布会上表示，英国脱欧引发的英国经济萎缩程度甚至超过了2008年全球金融危机时期。

---

① 英国脱欧标志性事件和时间表来自百度百科。

1.2 经济政策不确定性影响企业投资决策的经济机制

1. 实物期权传导机制

实物期权（real option）理论是现有大多数文献研究经济政策不确定性影响企业投资行为的主要理论依据（谭小芬和张文婧，2017）。企业固定资产投资严重依赖于对未来的预期，当存在不确定性时，投资是总需求中最易产生波动的部分（刘贯春等，2019）。传统的净现值（net present value，NPV）理论认为，当投资收益现金流的贴现值超过投资成本贴现值时，企业会进行投资。然而，净现值理论忽略了企业投资的不可逆性和企业的择时投资能力（Dixit and Pindyck，1994），当投资具有一定程度的不可逆性且该项投资可以被推迟时，净现值理论不再适用。实物期权理论弥补了净现值理论的不足，该理论将期权思想引入企业投资决策，认为企业拥有的投资机会类似于金融学中的看涨期权，即企业拥有在未来某一时点购买资本性资产（投资）的权利。实物期权理论认为，如果投资项目具有一定程度的不可逆性，企业需要综合权衡当期投资所获得的额外收益和等待未来投资、减少不确定性所带来的额外好处。在这种情况下，投资机会的选择可以被视为企业持有的一项期权。购买资本性资产（投资）的不可逆性使得企业投资相当于执行了看涨期权，而企业投资成本则构成了期权的执行价格。在实物期权框架下，企业选择当前投资就意味着放弃了等待未来更好投资机会的权利，而这种继续等待的权利对企业来说是有价值的，是企业当前投资需要承担的机会成本。理性的企业决策者在进行投资决策时会考虑这一机会成本，只有在投资收益超过当前投资成本（执行价格）与"等待"价值（期权价值）之和时，才会选择在当前投资。由期权定价理论可知，"等待"价值与投资项目未来现金流的不确定性正相关，而经济政策不确定性能够通过增加未来现金流不确定性的方式增加企业继续"等待"的价值，从而对企业当前投资产生抑制作用。Abel 和 Eberly（1999）、Dixit 和 Pindyck（1994）最早指出不确定条件下企业会在延迟投资决策获得更多有价值的信息的收益以及立即投资所产生的收益之间进行权衡。通常不确定性增加会使企业做出延迟投资的决策。不确定性的增加能够通过提高期权价值的方式增加企业的边际投资成本，从而对企业投资起到抑制作用。因为未来不确定性意味着风险，资产价值随着未来不确定性的增加而降低，不确定性增加了期权价值，如果决策者能灵活选择投资战略，则不确定性将大幅度提高投资项目价值。并且在企业不能确定未来状况的条件下，做出投资选择时会考虑沉没成本，实际投资中厂商做出某项不可逆投资决策，则意味着厂商放弃了等待可能会影响投资决策的新信息的期权。投资的不可逆性使投资使用的资金产生了机会成本，并且机会成本随着不确定的增加而增加，从而抑制投资（刘贯春等，2019）。

实物期权理论对经济政策不确定性影响企业投资的解释力依赖于投资不可逆假设。只要资本性支出具有一定程度的不可逆性，企业持有的投资机会选择权就是有价值的，在经济政策不确定性上升时，就可能选择延迟投资（谭小芬和张文婧，2017）。投资可逆程度是决定经济政策不确定性抑制企业投资强度的重要调节变量：当投资可逆性程度较高时，企业在面临负面冲击时资本性支出的变现能力就越强，进而能够为企业面临负向冲击时提供更好的保护；反之则相反。资产专属性（asset redeploy ability）是企业投资可逆程度的重要决定因素（Kim and Kung, 2016）。资产专属性越强，意味着能够使用同类资产的企业或行业数量就越少，资产的变现能力就越差，企业在经济政策不确定性上升时选择延迟投资的选择权价值就越高，经济政策对这类企业投资的抑制作用就越明显。例如，对于钢铁企业来说，其投资购买的固定资产（如炼钢设备）就具有较强的专属性，只能在钢铁行业内部进行交易，如果同行业其他企业同时面临政策不确定性的负面冲击，那么固定资产就很难变现，从而构成企业投资的沉没成本。因此，钢铁企业在经济政策不确定性上升时的投资决策会更为谨慎和保守，继续等待的选择权价值更高，经济政策不确定性对这类企业投资的抑制作用更明显。

除了资产专属性之外，企业所处的外部制度环境也是其投资可逆程度的重要决定因素（Pindyck, 1991）。例如，资本管制使得外国投资者无法变现资产，重新配置资金，或者因为承担较高的解雇和雇佣成本无法雇佣新工人，进而增加了投资不可逆性；也可能存在资本被政府等机构征用的风险，监管政策增加了投资不可逆程度，在不确定时期会引起更高的等待期权价值，因而造成更大幅度的投资削减。此外，市场竞争环境也是决定企业投资不可逆程度的重要因素。考虑到竞争性行业内投资机会存在时间短暂和战略性先发优势较大，竞争程度高的行业内企业可能更倾向提前行使实物期权（Dixit and Pindyck, 1994），以避免竞争对手抢占先机。

2. 金融摩擦传导机制

实物期权理论框架下经济政策不确定性对企业投资的抑制作用建立在投资不可逆假设下，即如果资本支出存在一定程度的不可逆性（沉没成本），企业在面临不确定性上升时就会延迟投资。然而，部分理论研究认为，不可逆投资并不必然导致不确定性对企业长期投资产生抑制作用（Abel and Eberly，1999；Hopenhayn and Muniagurria，1996），还需要考虑企业决定因素产生的影响。Jeong（2002）从理论层面证明，经济政策不确定性能够增加企业的外部融资成本，进而对企业长期投资产生抑制作用，而且面临的融资约束能够对经济政策不确定性抑制企业投资产生放大效应。

完美资本市场假设认为投资机会是企业进行投资决策的唯一影响因素（Hayashi，1982），但市场摩擦导致企业的投资偏离其最优水平。Myers 和 Majluf（1984）等将非效率投资的原因归结于由信息不对称导致的逆向选择和道德风险问题。一方面，管理者与投资者之间的信息不对称引发逆向选择问题，致使市场资金错配并最终导致非效率投资；另一方面，在监督和激励不足的情况下，管理者出于自利目的的隧道行为所带来的道德风险也会引起投资扭曲。交易成本主要包括搜寻成本、签订合约和保证合约执行的成本等。投融资双方产生的金融摩擦使得外部融资成本超过内部融资的机会成本，两者之间的差额即外部融资溢价。Bernanke 等（1999）在企业面临的调整成本为非凸、不确定性波动和金融摩擦的假设条件下，利用一般均衡模型证明了金融摩擦对不确定性有放大作用。在经济政策不确定性作用下，企业受到融资约束不仅会在短期内影响其边际收益（政策不确定期间推迟获利的项目会减弱企业维持运营的能力），而且从长期来看，当经济政策不确定冲击消散时，企业也无法获得足够的资金以充分提高投资规模扩张的速度来满足被压抑的需求，进而导致经济政策不确定性的抑制作用被放大。

企业的金融摩擦主要表现在两个方面：一是从资金价格的角度表现出外部融资溢价机制，资金借贷双方之间存在的信息不对称导致企业外部融资成本高于内部融资成本，即产生外部融资溢价；二是从资金可获得的角度表现出抵押约束机制，某些情况下借款者被要求提供抵押品以作为获得贷款的条件，因而任何对抵押品价值产生不利的冲击都会影响企业融资的能力，具体体现在资产负债表与银行信贷两个渠道。资产负债表体现企业财务状况，资金提供者需通过资产负债表了解企业基本经营状况，当资产负债表反映财务状况良好时，一定程度上说明企业具有较强的外部融资能力及较低的外部融资成本。反之，若资产负债表反映的企业财务状况较差，则企业融资溢价水平会被抬高。当经济政策存在不确定性时，企业现金流产生不确定性波动，资产定价下降，融资能力下降，融资成本增加。这种由经济政策不确定性变化引起资产负债表的状况发生变化、企业的融资环境发生变化，进而形成的循环将放大和加速经济政策不确定性对企业的影响。银行信贷渠道具有"金融加速器"效应，在中国制度背景下，银行信贷是企业进行外部融资的重要方式，良好的银企关系可以缓解企业与投资者之间的信息不对称，拓宽企业资金来源，从而提高企业的投资水平。经济政策不确定性一方面会提升企业的违约概率，银行出于自我保护会通过提高利率的方式甄别企业风险，加剧企业融资约束；另一方面，经济政策不确定性的提高使银行难以判断未来的流动性需求，从而减少信贷支付以保持财务稳健性。所以经济政策不确定性可以通过银行信贷渠道影响企业投资（Carrière-Swallow and Céspedes，2013）。另外，企业的外部融资成本与其净财富负相关（Bernanke，1983），企业财务状况的恶化则会提高外部融资成本。从债权人的角度而言，作为主要债权人的银行在放贷行为上会更加谨慎，特别是在与货币政策相关的政策不确定性上升时期，更有可能引起作为投资主要资金来源的企业贷款额度下降，进而使得企业削减投资规模或维持投资的成本增加（饶品贵等，2017）。

综上，在完美的资本市场中假设不存在金融摩擦，根据实物期权理论，不确定性增加了实物期权价值，短期内企业会延迟投资，等待与投资项目相关的信息。不完美的资本市场存在金融摩擦，企业的融资约束情况是影响实物期权理论作用程度大小的重要变量。经济政策不确定性加大了摩擦程度，提高了外部融资溢价水平，导致企业延迟投资，投资下降进一步影响资产价格，使企业借款时可用于抵押的资产价值减小，进一步加大外部融资难度。实物期权效应和金融摩擦都会使经济政策不确定性对投资产生负向影响，而金融摩擦进一步加剧了经济政策不确定性对投资的影响。

1.3 经济政策不确定性影响企业投资的实证发现

关于经济政策不确定性如何影响企业投资的实证研究，首先需要解决的问题就是如何在实证上准确度量企业面临的经济政策不确定性强度。从经济政策不确定性衡量指标选择与构建的历史演进来看，现有研究主要使用基于文本分析构建的经济政策不确定指数和重大政治经济事件（总统大选、英国脱欧、恐怖袭击、战争爆发及地方政府官员换届等）度量企业面临的经济政策不确定性。其中，基于文本分析构建的经济政策不确定指数以芝加哥大学和斯坦福大学的 Baker、Bloom 和 Davis 教授构建的经济政策不确定指数（BBD 指数）最具代表性。该指数通过文本分析手段从重要媒体报刊上记录有关经济政策不确定性的词条数目，然后除以同期总词条数目的方法构建不同国家和地区的经济政策不确定指数[①]。现有文献主要基于以下几个视角实证检验经济政策不确定性对企业投资的抑制作

---

① 详见 http://www.policyuncertainty.com/index.html。

用（Wang et al.，2014）。

第一，管理层决策的视角。经济政策不确定性的提高会加大企业管理层判断未来经济形势的难度，影响其对经济政策的预期。管理者的经济政策预期包括三个方面：未来政策的制定、实施和政府干预的程度。企业管理层出于职业前景的忧虑而普遍存在风险规避的倾向，经济政策不确定性增加会降低管理层的投资意愿，从而降低企业未来面临的不确定风险。Campello 等（2010）基于美洲、欧洲和亚洲 1 050 位首席财务官的调查问卷的研究发现，在金融危机、经济政策不确定性较高的时期，超过一半的企业取消或推迟了投资计划，融资约束型企业会更加明显。Julio 和 Yook（2012）选取 1980~2005 年 48 个国家大选作为自然实验，研究大选引发的经济政策不确定性如何影响企业投资，发现在控制成长机会和经济条件因素后，政府大选年份的企业资本性支出相对于非大选年平均减少 4.8%，这一结果在大陆法系国家、议会制国家、政府动荡或中央政府权力较大以及竞选结果不明朗的国家表现得更加明显。其背后的经济学逻辑在于，大选结果的不确定性使得企业面临高度的经济政策不确定性，如新政府可能会出台不利于企业发展的行业规制、货币和贸易政策、税收政策等。只要选举结果存在负面影响的可能，企业在当前持有的投资选择权就是有价值的，理性的企业管理者就会选择延迟投资，等待大选结果确定后再进行投资。类似地，Jens（2017）采用美国州长选举作为经济政策不确定性的外生冲击，发现企业在所在州进行州长选举之前资本性支出平均下降幅度为 5%，而对于那些受州长选举不确定性影响较为严重的企业而言，资本性支出下降幅度达到 15%。Gulen 和 Ion（2015）使用芝加哥大学和斯坦福大学联合披露的经济政策不确定指数（BBD 指数），实证检验经济政策如何影响企业投资。与政府大选等外生事件相比，经济政策不确定指数具有更好的连续性，能够较为全面地衡量经济政策不确定性对企业投资的全局影响（李凤羽和杨墨竹，2015）。Gulen 和 Ion（2015）发现经济政策不确定性的上升能够显著抑制企业投资，并且这种抑制作用在投资不可逆程度较高、高度依赖政府支出的企业中表现得更加明显，从而为实物期权理论提供了更为直接的经验证据。此外，经济政策不确定性增加了企业产品未来需求的不确定性、自有现金流的不确定性并提高企业融资成本，从而加大了管理层判别未来经济形势的难度，使得管理层在进行投资时更为保守谨慎。因此，当经济政策不确定性升高时，企业管理层会更为谨慎（Baum et al.，2010；Bloom et al.，2007）。特别地，在面临不确定性情况下，公司管理层会降低投资水平从而导致投资不足，当管理层持有企业较大比例的股份时，这种情况会更明显（Panousi and Papanikolaou，2012）。

第二，基于股东视角。Pástor 和 Veronesi（2013）发现经济政策不确定性的上升会同时增加上市公司股票风险溢价、波动性和收益相关性，使得投资者无法判断企业未来的发展前景。按照这一逻辑,投资者在经济政策不确定性上升时对持有的股票会要求更高的风险溢价,这会增加企业的股权融资成本,进而对企业投资产生抑制作用。Jens(2017)为上述逻辑观点提供了经验证据,发现企业在经济政策不确定性上升时(州长选举)会延迟增发新股,其目的在于规避经济政策不确定性上升带来的股权融资成本的增加。类似地,Colak 等(2017)发现,州长选举引发的经济政策不确定性会明显降低选年附近企业首次公开发行(initial public offering, IPO)数量和发行价格,并且这种影响在州政府对企业影响能力较强的地区表现更为明显。

第三,从债权人角度而言,经济政策不确定性放大了企业的融资约束,使企业面临较高的违约风险,增加了债务融资难度,进而减少了企业投资。当一个企业对外源融资的依赖性较大时,企业所面临的融资溢价也很大。随着企业受到的金融摩擦加大和违约风险的增加,公司的投资受经济政策不确定性的抑制程度会随着融资约束的加大而增强(Gulen and Ion, 2015)。当经济政策不确定性升高时,银行基于自身经营安全性的考虑,会降低信贷供给(Valencia, 2017)。特别是当与货币政策有关的政策不确定性升高时,贷款额度下降、贷款利率上升,使得企业投资额下降或投资维持成本升高。

第四,经济政策不确定性的跨国溢出效应。美国作为全球最大的经济体,其经济政策不确定性在全球范围内具有明显的溢出效应。Colombo(2013)发现,美国市场的经济政策不确定性对欧洲市场的企业生产和产品售价具有溢出效应,导致欧洲企业在面临外部不确定性冲击时采用更为保守的策略(Kim and Kung, 2016),放弃或延迟投资项目以规避未来经营风险。经济政策不确定性的溢出效应强度根据企业规模、所处行业以及所在国家的不同而不同(Kang et al., 2014; Boutchkova et al., 2012),并且这种溢出效应在信贷约束比较严重的新兴市场经济体国家中表现得更加明显(Carrière-Swallow and Céspedes, 2013)。

第五,经济政策不确定性对非资本性支出投资行为的影响。除了资本性支出外,并购也是企业投资的重要内容,并且与资本性支出相比,其投资金额规模更大,承担的风险也更高。Nguyen 和 Phan(2017)使用经济政策不确定指数(BBD 指数)作为经济政策不确定性衡量指标,研究了经济政策不确定性对企业并购行为的影响,发现经济政策不确定性能够显著降低企业并购概率:经济政策不确定指数每上升 1 单位标准差,企业并购发生的平均概率降低 5.8%。换算成并购交易金额后,并购交易金额平均下降 3 000 万美元。其背后的经济学逻辑在于,经济政策不确定性上升放大了企业面临的融资约束,将企业暴露在较高的违约风险之下,使得主并公司无法筹得足够的外部资金支付并购对价。除了影响并购概率和并购交易规模外,经济政策不确定性还会对并购交易的支付方式和支付价格产生影响,其理论逻辑在于当面临较高的经济政策不确定环境时,主并公司流动性管理会趋于谨慎，在进行并购时更愿意采用股票而非现金支付并购对价，并且在并购溢价方面也较为保守。Nguyen 和 Phan（2017）发现，经济政策不确定性与并购交易中股票支付比例正相关，与并购溢价负相关。

在中国情境下的经济政策不确定性对企业投资的影响作用更为明显，已有研究对此基本达成共识，但在具体作用渠道方面还存在一定争议。其中，李凤羽和杨墨竹（2015）、刘贯春等（2019）从实物期权视角研究了中国经济政策不确定性如何影响企业投资，发现经济政策不确定性能够对企业投资产生明显的抑制作用，并且这种抑制作用在资产可逆程度较高的企业中表现得更加明显，从而为经济政策不确定性影响企业投资的实物期权机制提供了经验证据。陈国进和王少谦（2016）则基于金融摩擦渠道研究经济政策不确定性对企业投资的影响机制，发现当经济政策不确定性上升时，资金成本对企业投资率的抑制作用增强，而资本边际收益率对企业投资率的促进作用减弱。谭小芬和张文婧（2017）则比较了实物期权渠道和金融摩擦渠道对经济政策不确定性与企业投资关系的交互影响，发现单独来看，无论实物期权渠道还是金融摩擦渠道都会引发经济政策不确定性对企业投资产生抑制作用，当金融摩擦渠道相对实物期权渠道更重要时，更高的经济政策不确定性会增加企业单位现金流的边际投资倾向。考虑二者的交互作用，当实物期权渠道相对金融摩擦渠道更重要时，经济政策不确定性上升会增加企业单位现金流的边际投资倾向；当金融摩擦渠道相对金融摩擦渠道更加重要时，更高的经济政策不确定性会减少企业单位现金流的边际投资倾向。除了实物期权和金融摩擦渠道之外，陈德球等（2017）以地方政府市委书记换届作为经济政策不确定性的外生冲击，从信息传递渠道研究经济政策不确定性对企业投资产生的影响，发现经济政策不确定性降低了企业股价信息含量，增加了外部投资者获取公司信息的难度，使得管理者无法从外部投资者的交易行为中获取公司投资决策的有用信息，从而降低了其投资决策的投资效率。

此外，国内研究在经济政策不确定性抑制企业投资的经济后果方面也存在一定争议。饶品贵等（2017）考察了经济政策不确定性抑制企业投资的经济后果，他们发现，当政策不确定性上升时，政策信号受到干扰，政府之手变弱，企业会更多考虑经济因素，这会使企业削减不必要的投资，从而提高投资效率。陈德球等（2017）则发现地方政府市委书记换届引发的经济政策不确定性降低了企业的资本配置效率，其逻辑在于，在中国特有的政府主导投资的环境中，企业为了提高资本配置效率，都倾向与政府建立较为稳定的关系，形成具有稳定预期的"政商生态环境"，从而能够使企业在资本配置活动中，与政府各类接触和沟通活动都比较顺畅。然而，一旦地方官员更替，已有的政商环境就会被打破，对于后任官员的信息不对称会影响当地企业与地方政府之间关系的稳定和持续，从而迫使企业在面临市场机会时可能会选择放弃或者减少对投资机会的把握,从而降低了企业的投资效率。

1.4　实物期权理论简介

长期以来,投资者对投资项目或企业价值进行直接评估的最常用、最经典的方法是贴现现金流法,但是由于贴现现金流法的缺陷,特别是由于其假设和现实情况的矛盾,它在现实的投资决策中的应用具有很大的局限性,其预测结果也具有较大的偏差。贴现现金流法的天然缺陷,往往会使投资者对项目价值的估计过低,或者使投资者在投资决策中,特别是在具有灵活性或战略成长性的投资项目中因无法灵活地把握各种潜在的投资机会而不能带来灵活性增值,有时候甚至会导致决策错误,其造成的损失往往很大。因此,贴现现金流法对投资者精准把握不确定环境下的投资增值机会显得无能为力。正是在这种背景下,经济学家开始寻找能够更准确地评估投资项目真实价值的理论和方法。实物期权(real option)的概念最初是由麻省理工学院(Massachusetts Institute of Technology,MIT)的Stewart Myers教授提出的(Myers,1977),他发现期权定价理论在实物或者非金融投资方面具有重要的应用前景。

从定义上来看,实物期权类似于保险,对不确定的情况有灵活的应对措施。当不利情况发生的时候,实物期权提供了退路,而当有利情况发生的时候,又提供了取得优势的方法。根据选择权的不同,实物期权一般有延迟期权、扩展期权、放弃期权和转换期权。

(1)延迟期权指的是具有推迟投资项目的权利,可以根据市场的情况决定何时动工。例如,铜矿的投资商如果有选择权,可以在铜市场价格比较高的时候去开采铜矿,在市场价格比较低的时候延迟开采。具备这种选择权可以减少项目失败的风险。

(2)扩展期权指的是具有进一步投资的权利。在市场不确定的情况下,投资项目通常会先投入少量资金试探市场情况,同时获得进一步投资的机会,可以根据市场情况,选择是否进一步扩展投资。当然,如果选择扩展,通常需要额外投入资金。

(3)放弃期权指的是当市场情况不好、投资亏损的情况下,投资者有权放弃对项目的继续投资,及时止损。放弃项目的同时可以将项目进行处置并尽可能收回成本。

(4)转换期权指的是在项目的实施过程中,投资商可以根据外部环境的变化进行投入要素或产品的转换。例如,同样的一个工厂,可以随着市场需求的变化调整产品的生产,这种灵活性也可以增加投资的价值。

本质上来说,实物期权理论是金融期权在非金融资产上的延伸,是基于投资战略和管理柔性的一项选择权。实物期权理论以固定的调整成本和等待的期权价值为核心,企业未来不可逆的投资机会类似于拥有金融看涨期权,即企业有权在将来某一时刻购买一种资产。投资的不可逆性是指一旦企业进行投资,由于沉没成本的存在,发生的投资将不能撤回或者不能完全转换为其他项目的投资,由于企业的初始投资具有不可逆性,所以投资项目价值函数服从布朗运动。企业在进行投资时会密切关注投资项目的价值,企业为了更好地判断投资项目以提升投资项目投资成功的概率,则需获得更多有关投资项目的信息,所以投资决策就会被推迟,等待期权的价值进一步增加,只有企业进行投资取得的收益大于投资相对应的成本以及等待期权的价值时,企业才会选择投资。当企业选择等待所获得的期权价值提高的幅度大于等待期间的损失时,企业便选择等待,从而缩减投资。

以上理论的成立依赖于两个关键的假设:第一,企业需要对未来的投资机会具有垄断性,以保证期权到期的有效执行;第二,产品市场必须是竞争性的,以保证投资决策不会影响市场价格或者市场结构。虽然不确定性的上升会增加企业推迟投资的期权价值,但对于一些企业来说等待可能导致成本较高或者不具有可行性。例如,在竞争行业中,投资的机会非常短暂,战略先发优势较大。如果经济政策不确定性是通过期权的价值这一渠道影响企业的投资水平,那么在经济政策不确定性较高时,企业的理性行为是选择等待。然而,企业所处行业竞争度较高时,延迟投资对企业来讲意味着放弃较大的现金流,会给企业带来较大的成本。企业若想抢先一步占领市场,则可能会提前进行投资,此时企业投资并不会因为经济政策不确定性的提高而减少。

第2章　经济政策不确定性影响企业融资决策的理论逻辑

2.1　经济政策不确定性影响企业融资的历史与案例——美国总统大选

2016年11月9日，共和党总统候选人特朗普战胜民主党候选人、前国务卿希拉里赢得总统选举，成为美国第58届、第45任总统。"华盛顿政治局外人"特朗普以较大优势击败此前被一致看好的希拉里，当选美国第58届总统。在全国538张总统选举人票中，特朗普赢得了306票，比希拉里赢得的232票多出74票，这虽然不是一种压倒性胜利，但超过了当选需要的270票。美国主流媒体和民意测验事先预测希拉里将大胜特朗普，但选举结果却将这个预测变成了美国总统选举史上最大的误判。这一极具戏剧性的结果震惊了整个世界，当天全球股市一片大乱，多国政客反应错愕，纷纷召开紧急会议加以应对。《华尔街日报》指出，特朗普将给美国政府带来一种极不可预测的执政方式。一个可以确定的选举结果是，下一任美国总统将面临一个被深度撕裂的国家，而这个裂痕需要很长一段时间来治愈。英国《独立报》称，这次大选分裂了美国，标志着世界政治的新纪元。特朗普当选美国总统也成为冲击当年全球金融市场最重要的"黑天鹅事件"。

与以往大选不同，2016年美国总统大选因为竞选过程中爆出的一系列候选人丑闻（希拉里"邮件门"、特朗普"通俄门"和性丑闻），而使得大选结果变得扑朔迷离。尤其是希拉里的"邮件门"事件的不断发酵使得原本占据绝对优势的民主党总统候选人希拉里优势尽丧，导致总统大选结果不确定性陡增。2015年3月，希拉里承认在任职国务卿期间使用私人邮箱处理约6万封邮件，其中3万封因涉及私人生活已被其团队删除，剩余约3万封公务邮件已于

2014年底全部上交国务院。2015年3月27日，共和党众议员特里·高迪当天指责希拉里已经"一股脑儿删除"了服务器上的全部电子邮件，勒令她在2015年4月3日前交出全部相关邮件。2016年7月，科米宣布，希拉里在担任美国国务卿期间使用私人邮箱和私人服务器处理公务的行为说明她和她的高级助手在处理政府机密时"极度草率"。但是，没有任何证据显示希拉里及其助手有意违反法律，调查结果不足以对希拉里提出诉讼。之后，美国国务院称联邦调查局在调查希拉里"邮件门"时发现了另外约1.5万封未被希拉里团队上交国务院的邮件，于是国务院就邮件内容进行了审查。2016年7月27日晚，"维基揭秘"网站再爆"猛料"，公布了29段来自美国民主党全国委员会内部邮件中的音频附件。其中部分音频附件的内容涉及希拉里的支持者对民主党竞选人伯尼·桑德斯出言抱怨及谩骂。2016年10月28日美国大选前夕，美国联邦调查局宣布重启对"邮件门"事件的调查。时任美国联邦调查局局长詹姆斯·科米致信国会，宣布将重新开启对民主党总统候选人希拉里担任国务卿期间使用私人服务器处理机密邮件问题的调查。信中说，联邦调查局在另一起与希拉里无关的调查中，发现了一些看起来与希拉里"邮件门"调查相关的新邮件，联邦调查局正在评估这些邮件。科米没有透露新发现邮件的任何内容，也没有透露邮件发送者和接收者身份。科米说，他得知情况后，"同意联邦调查局采取适当调查步骤"，以确定这些邮件是否包含机密信息，并评估其对联邦调查局已结束的"邮件门"调查有无价值。他表示，无从预测评估时间会持续多久。联邦调查局是在希拉里的长期助手胡玛·阿伯丁及其丈夫安东尼·韦纳的电子设备中找到这些邮件的。韦纳因涉嫌向一名未成年女孩发送色情信息，正在接受联邦调查局调查。联邦调查局重启"邮件门"调查成为压垮希拉里的"最后一根稻草"，使得特朗普在"摇摆州"获得多数选民支持，并最终导致希拉里竞选落败。

已有研究认为，大选结果的不确定性是经济政策不确定性的重要驱动，其原因在于不同的总统候选人在经济政策决策制定过程中承担的政治成本存在差异，导致其当选后出台的经济政策存在差异（Goodwell et al., 2020）。除了候选人个人背景及自身经历，候选人隶属政党也是决定其政治成本和经济政策决策的重要因素。与共和党相比，民主党更加注重促进经济增长而非抑制通货膨胀。此外，民主党更加倾向增税以实现国民收入再分配（Pástor and Veronesi, 2019）。已有研究也证实，股票市场在民主党执政时期的市场表现要明显好于共和党执政时期，即"总统之谜"（presidential puzzle）。隶属不同政党的候选人当选后出台的经济政策的差异使得企业管理者在大选结果产生之前会日趋谨慎和保守，增持现金以应对不时之需。此外，大选结果的不确定性也会增加金融市场摩擦，进而增加企业外部融资成本（Waisman et al., 2015；Colak et al., 2017），使得企业不得不更加依赖内部融资（Im el al., 2017; Panousi and Papanikolaou, 2012）。

2.2 经济政策不确定性影响企业融资的经济机制

目前，经济政策不确定性对企业融资决策影响的传导机制主要分为风险溢价传导机制、信息不对称传导机制、现金流波动传导机制、政治关联传导机制、信贷收缩传导机制和保守性投资渠道机制。

1. 风险溢价传导机制

Pástor 和 Veronesi（2013）在其构建的一般均衡模型中指出，政府在改变现行经济政策时会考虑其承担的政治成本以及新政策对经济的提振效果。一般情况下，政府只有在承担的政治成本较低以及新政策经济提振效果明显时才会改变现行经济政策。在经济低迷时期，政府在改变现行经济政策时往往承担较低的政治成本并且新政策更有可能提振经济，所以政府在经济低迷时期更有可能改变现行经济政策。政府在经济低迷时期的政策调整相当于为资本市场提供一份看跌期权，这会降低市场的风险溢价。然而，经济政策不确定性上升会降低政府保护看跌期权的价值，进而增加资本市场风险溢价。风险溢价的上升会增加企业的外部融资成本（Waisman et al., 2015; Colak et al., 2017），进而使得企业更加依赖内部融资（Im el al., 2017; Panousi and Papanikolaou, 2012）。

2. 信息不对称传导机制

信息不对称是企业外部融资成本的重要决定因素（Corwin, 2003）。经济政策不确定性的上升通过风险溢价渠道增加了企业外部融资的资本成本。与外部投资者相比，企业内部人能够更加准确地评估经济政策不确定性对企业价值的影响，具有明显的信息优势。外部投资者虽然能够感知企业面临的经济政策不确定性的上升，但是无法准确评估经济政策不确定性究竟能在多大程度上影响企业价值，因此会对提供的外部融资要求更高的风险溢价。在这种情况下，经济政策不确定性的上升进一步恶化了企业外部融资的信息不对称程度，这也会在很大程度上增加企业的外部融资成本（Chan et al., 2019）。此外，经济政策不确定性的上升会抑制管理者改善企业信息披露的动机，降低企业的自愿性披露，进而进一步恶化企业的信息不对称程度（Nagar et al., 2019），这也会增加企业的外部融资成本。

3. 现金流波动传导机制

投资活动产生的未来现金流是企业证券估值的重要决定因素，而证券估值又是决定企业外部融资成本的重要因素。Pástor 和 Veronesi（2003）基于 Jensen 不等式，认为企业利润增长的不确定性上升会增加上市公司的预期利润，进而增加公司价值，而公司价值的上升会降低公司股权的期望收益率，进而降低公司的股权融资成本。政府经济政策作为影响企业利润增长的重要外部环境因素，其不确定性的上升也会增加企业利润增长的不确定性，进而会降低股权融资成本（Cremers and Yan, 2012）。Pástor 和 Veronesi（2003）的上述结论是在全股权融资（all-equity）假设的基础上得到的，并没有考虑债权人和股东之间的利益冲突。Cremers 和 Yan（2012）假设公司同时使用债权和股权融资，对 Pástor 和 Veronesi（2003）理论模型进行了扩展。他们认为，与公司股东不同，企业债权人在公司陷入财务困境时拥有优先清偿的权利。当企业的清偿价值超过债务规模时，债权人全额清偿，股东行使剩余索取权；当企业的清偿价值少于债务规模时，债权人获得全部清偿价值，股东剩余索取权为零。在这种情况下，债权人在公司价值下降时，需要与股东分享公司价值；但在公司价值上升时，却不能充分享有公司价值增值收益。因此，债权人更加偏好利润增长稳定的上市公司。经济政策不确定性的上升会增加企业利润增长的不确定性，债权人会因此对其提供的债务融资要求得到更高的违约风险补偿，导致公司债务融资成本上升。

4. 政治关联传导机制

已有研究认为，政治关联是企业绩效和行为决策的重要影响因素。政治关联不仅能够影响企业业绩（Faccio et al., 2006），而且能够影响企业获取政府资金、获得政府救助和欺诈惩处的可能性。经济政策不确定性能够直接通过政治关联影响政企关系，进而降低政治关联企业获得公共资金或规避行政惩处的可能性，债权人通过评估经济政策不确定性对政治关联的潜在影响，进而对持有企业债券要求更高的信用风险溢价。因此，经济政策不确定性的上升会增加政治关联企业的债务融资成本。

5. 信贷收缩传导机制

信贷收缩传导机制强调经济政策不确定性对企业外部融资市场供给侧产生的影响。经济政策不确定性的上升会恶化企业外部融资环境，不仅会增加借贷双方的信息不对称程度，还会通过增加企业现金流不确定性的方式增加企业违约风险，上述影响会促使作为资金供给方的金融机构产生避险动机，主动缩紧信贷，以降低承担的违约风险。例如，当某家银行贷款组合出现严重的违约损失后，该银行与同业银行相比会更加收紧信贷（Murfin，2012；Santos，2011）。也就是说，金融机构在向市场提供融资时会将自身的经营风险考虑在内。当经济政策不确定性上升时，金融机构为了降低自身风险会缩减信贷供给，进而降低企业外部融资的可获得性（Berger et al.，2017）。

6. 保守性投资渠道机制

保守性投资渠道机制强调经济政策不确定性对企业外部融资市场需求侧产生的影响。大量的研究证实，经济政策不确定性的上升会使得企业管理者的投资决策趋于保守，进而对企业投资产生明显抑制作用（Baum et al.，2010；Bloom et al.，2007；Panousi and Papanikolaou，2012）。投资水平的缩减会降低企业对外部融资的需求，进而导致企业杠杆率出现下降（Zhang et al.，2015）。

2.3　经济政策不确定性影响企业融资的实证发现

已有研究基于上述经济机制对经济政策不确定性如何影响企业融资成本进行实证检验，本节对现有研究的实证发现进行评述。

（1）经济政策不确定性影响股权融资的实证发现。已有文献大都基于风险溢价传导机制和信息不对称传导机制研究经济政策不确定性对企业股权融资成本的影响，认为经济政策不确定性的上升影响了企业股票的风险溢价，进而对企业股权融资成本产生影响，但实证结果还存在一定争议。其中，绝大多数的实证文献发现经济政策不确定性的上升增加了企业股票风险溢价，进而增加了企业股权融资成本。例如，Colak 等（2017）基于风险溢价渠道以美国州政府选举作为经济政策不确定性的外生冲击，采用自然实验研究方法研究经济政策不确定性如何影响企业 IPO 决策。研究发现，州政府大选显著降低了本州企业的 IPO 数量及发行价格，这种降低作用在州政府选举结果不确定性较强、经营业务集中在本州的企业中表现得更加明显。Chan 等（2019）同时基于风险溢价渠道和信息不对称渠道，采用经济政策不确定指数（BBD 指数）作为企业面临经济政策不确定性的衡量指标，研究了经济政策不确定性对企业增发行为的影响，发现经济政策不确定性的上升显著增加了企业增发新股折价。经济政策不确定性每上升 1 单位标准差，增发新股折价下降 43 个基点。这种降低作用在政府支出依存度较高、信息含量较低以及经济政策不确定性 β 值较小的企业中表现得更加明显。此外，也有少部分文献从现金流波动传导机制发现经济政策不确定性的提升会降低股权融资成本。Cremers 和 Yan（2012）使用已有研究采用的多个经济政策不确定性衡量指标，发现经济政策不确定性的上升会提升股票价值（市值/账面比），股票价值的提升意味着股权融资成本的降低，这一结果与Pástor和Veronesi（2003）理论预测相一致，认为企业利润增长的不确定性上升会增加上市公司的预期利润，进而增加公司价值，而公司价值的上升会降低公司股权的期望收益率，进而降低公司的股权融资成本。政府经济政策作为影响企业利润增长的重要外部环境因素，其不确定性的上升也会增加企业利润增长的不确定性，进而会降低股权融资成本。

（2）经济政策不确定性影响债权融资的实证发现。与股权融资成本类似，已有研究在经济政策不确定性如何影响债券融资成本方面也存在一定的争议。绝大多数已有研究从现金流波动、政治关联和信贷收缩视角研究经济政策不确定性对企业债务融资成本的影响，发现经济政策不确定性的上升会提高企业债务融资成本。其中，Waisman等（2015）分别使用美国总统大选、州长选举及经济政策不确定指数作为经济政策不确定性衡量指标，发现经济政策不确定性的上升显著增加了企业债的信用价差，这种影响在选举结果不确定程度较高时更加明显。Cremers和Yan（2012）使用已有研究采用的多个经济政策不确定性衡量指标，发现经济政策不确定性的上升会降低企业债的估值，进而提高债务融资成本。Zhang等（2015）基于中国数据，发现经济政策不确定性的上升会降低企业杠杆比率，并且这种影响在市场化程度较高、非国有企业和银企关系较弱的企业中表现得更加明显。Gao和Qi（2019）以州政府选举期间的美国市政债券收益率为研究对象，研究经济政策不确定性对政府债务融资成本的影响，发现州政府选举引发的经济政策不确定性上升显著增加了市政债券收益率，进而增加了政府债务的发行难度和债务融资成本。此外，也有少部分研究发现，经济政策不确定性的上升并不一定会抑制企业的债务融资。例如，Ben-Nasr等（2019）研究了经济政策不确定性对企业债务来源选择产生的影响，发现企业在大选期间会增加银行贷款在其总债务中的比例，并且这一结果在候选人竞争较为激烈的大选期间表现得更加明显。进一步地，还发现企业信息披露、融资约束、股东权利、劳动保护、债权人权利和国家治理水平等因素会加剧经济政策不确定性对债务选择的影响。其理论逻辑在于，经济政策不确定性的上升增加了公开债务（企业债）发行过程中的信息不对称，使得企业出于降低融资成本的动机，倾向选择银行贷款这种双边债务的融资模式。与公开债务市场的投资者相比，银行能够更加准确地评估融资企业的信用风险，降低由信息不对称恶化引发的融资成本上升幅度。Jens（2017）发现，美国州政府选举尽管导致企业延迟与投资相关的股票增发，却并未对与投资相关的债务发行产生影响。其原因可能在于：①与投资相关的债务发行大都集中在大公司样本中，而大公司因政策不确定性延迟投资的可能性相对较低。②已有研究发现，企业在项目最初阶段进行融资时会更加倾向股权而非债权融资，随着项目深入，会从股权融资逐渐转为债权融资（Dudley，2012），因此实证结果反映的可能是经济政策不确定性对项目初段融资决策的影响。③股权融资和债权融资的资金用途不同。如果融资资金在未来多期有多种用途，那么经济政策不确定性的上升对其融资决策的影响相对较小。已有研究发现，股权融资在获得资金后会立即投资到特定项目中，其用途相对单一，因此股权融资决策受经济政策不确定性的影响也相对较小（DeAngelo et al.，2011）。

（3）经济政策不确定性影响金融市场资金供给的实证发现。目前，已有文献主要从信贷收缩渠道研究经济政策不确定性对金融机构资金供给行为产生的影响。其研究结论相对一致，大都认为经济政策不确定性的上升会增加金融机构的避险动机，降低其资金供给的意愿，提高市场融资成本。银行贷款是企业最为重要的债务融资来源之一，因此现有文献主要通过考察经济政策不确定性如何影响银行贷款供给来评估经济政策不确定性对金融市场资金供给造成的冲击。Francis 等（2014）发现，银行出于规避违约风险的目的，在经济政策不确定性上升时不仅会提高贷款利率，还会在贷款合约中增加各种限制条款，增加了企业获得银行贷款的难度和支付的贷款成本。Baum 等（2009）发现，经济政策不确定性的上升增加了银行对贷款人违约风险的评估难度，使其在贷款决策中更加趋于保守，导致其贷款发放范围收窄，降低了银行可贷资金的配置效率。Chi 和 Li（2017）发现，经济政策不确定性的上升增加了银行的不良贷款率、贷款集中度和正常贷款迁移率，进而增加了银行的信贷风险，银行出于降低信贷风险的目的，会在经济政策不确定性上升时缩减贷款规模。类似地，Berger 等（2017）发现，经济政策不确定性的上升会降低银行体系的流动性创新，在增加流入银行体系的社会资金的同时，减少资金向实体经济的流动。除了银行贷款之外，经济政策不确定性的上升也会对资本市场的其他金融机构的资金供给意愿产生影响。Tian 和 Ye（2017）发现，经济政策不确定性的上升会降低风险投资为公司提供融资的意愿，这种影响在初创阶段公司、有形资产较少及政府支出依赖程度较高的融资公司中表现得更加明显。

（4）中国情境下的经济政策不确定性也会对企业融资决策产生重要影响，已有研究为此提供了直接证据，但研究结论还存在较大争议。一部分研究认为经济政策不确定性增加了企业融资成本，使企业面临更为严重的融资约束。例如，Zhang 等（2015）发现中国经济政策不确定性的上升会降低企业杠杆比率，并且这种影响在市场化程度较高、非国有企业和银企关系较弱的企业中表现得更加明显。蒋腾等（2018）发现经济政策不确定性上升会降低企业的银行贷款水平，这种降低作用在融资约束程度较高、产业政策支持力度不足、周期性行业及市场集中度较高的企业中表现得更加明显。陈胜蓝和刘晓玲（2018）发现，经济政策不确定性上升导致企业外部融资更加困难以及内部流动性需求增加，进而降低企业提供商业信用的动机，而且经济政策不确定性的提高还会导致公司缩短商业信用的供给期限。社会信任水平、地区金融发展程度和公司市场地位可以有效缓解二者之间的负向关系。另一部分研究则认为，经济政策不确定性的上升能够降低企业融资成本，缓解企业面临的融资约束。例如，吴伟军和李铭洋（2019）发现经济政策不确定性降低了企业的债务融资成本，这种降低作用在国有企业中表现得更加明显。其原因在于，经济政策不确定性上升时，企业的投融资行为会更加谨慎高效，并且会提高自身持有的流动性资产比例，减少资金需求，以提高抗风险能力。因此，经济政策不确定性上升会降低企业债务融资成本。类似地，张光利等（2018）发现经济政策不确定性上升能够抑制企业过度投资，进而降低企业的融资约束。宋全云等（2019）发现，经济政策不确定性升高导致企业的银行贷款成本增加，且使得在中小型银行贷款的企业成本增加更多。异质性分析表明，经济政策不确定性升高对受政策因素影响较大的企业如小微企业、私营企业等的银行贷款成本的影响更为明显。进一步，对企业的银行贷款违约风险的研究发现，随着经济政策不确定性升高，企业的银行贷款违约风险反而降低，表明经济政策不确定性升高使得银行选择风险评级更低的贷款，符合谨慎性动机。

2.4 资本结构相关理论简介

1. 静态权衡理论

静态权衡理论形成于20世纪70年代中期，它的提出根本上源于MM定理。1958年，莫迪利亚尼和米勒在《美国经济评论》上共同发表了他们的不朽之作——《资本成本、公司财务与投资理论》，得出了著名的MM定理，开创了现代资本结构理论研究的先河。MM定理的核心思想是，在一定的假设条件下，企业的价值与其所采取的融资方式即资本结构无关。然而，由于MM定理的假设条件与现实相差太远，其结论无法解释现实中企业资本结构的选择行为。

针对MM理论的假设所存在的问题，许多研究力图通过改变假设以修正MM理论。杰斯富、罗伯特和詹姆斯、莫克等先后在《财务数量分析学刊》、《美国经济评论》和《理财学刊》上撰文，他们将MM理论的"无风险债务假设"改为"风险债务假设"，然而，这一修正并不能改变MM理论的结论。李和巴克、瓦勒等先后讨论"破产费用"与MM理论的关系；Jensen和Meckling（1976）提出"代理费用"的问题。当破产费用、代理费用和风险债务三者同时被引入MM理论时，其结论便发生变化，即破产仅发生于负债的企业。债务越大，固定的利息费用越多，盈利下降的可能性越大，破产的可能性也就越大。企业一旦破产，各种各样的费用将发生，如低价出售资产的损失、破产处理时间所带来的损失、律师和诉讼费用、破产前的销售下降所带来的损失等。总之，企业在考虑负债带来节税利益的同时，必须考虑负债带来的财务危机成本。为使企业的价值达到最大，企业的最优负债融资额取决于负债的边际避税收益和负债的边际破产成本的净现值相等的点。这种最优的负债融资额决定理论就是资本结构理论中的静态权衡理论。

静态权衡理论认为，企业可以利用税收屏蔽的作用，通过增加债务来增加企业价值。但随着债务的上升，企业陷入财务困境的可能性也会增加，甚至可能导致破产，如果企业破产，不可避免地会发生破产成本。即使不破产，但只要存在破产的可能，或者说，只要企业陷入财务困境的概率上升，就会给企业带来额外的成本，这是制约企业增加借贷的一个重要因素。因此，企业在决定资本结构时，必须要权衡负债的避税效应和破产成本。根据权衡理论，负债企业价值等于无负债企业价值加上节税利益，减去预期财务拮据成本的现值，即 $Vl=Vu+TcB-FPV$。FPV 为预期财务危机成本的现值，包括由债务过高而引起的直接或间接的财务危机成本。企业的最佳资本结构存在于企业负债所引起的企业价值增加与因企业负债上升而引起的企业风险成本和各项费用相等时的平衡点上，此时的企业价值最大。权衡理论以后又发展为后权衡理论，后权衡理论的代表人物是迪安吉罗、梅耶斯等，他们将负债的成本从破产成本进一步扩展到了代理成本、财务困境成本和非负债税收利益损失等方面，同时，又将税收利益从原来所讨论的负债收益引申到非负债税收收益方面，实际上是扩大了成本和利益所包括的内容，把企业融资看成是在税收收益和各类负债成本之间的权衡。

2. 啄食顺序理论

美国经济学家梅耶斯（Myers，1977）最早提出了著名的企业融资决策啄食顺序原则：①内源融资；②外源融资；③间接融资；④直接融资；⑤债券融资；⑥股票融资。即在内源融资和外源融资中首选内源融资；在外源融资中的直接融资和间接融资中首选间接融资；在直接融资中的债券融资和股票融资中首选债券融资。其中内源融资主要指公司的自有资金和在生产经营过程中的资金积累部分；外源融资又可分为通过银行筹资的间接融资和通过资本市场筹资的直接融资（直接融资包括债券融资和股票融资）。

当公司要为自己的新项目进行融资时，将优先考虑使用内部的盈余，其次是采用债券融资，最后才考虑股票融资。也就是说，内源融资优于外源债券融资，外源债券融资优于外源股票融资。所以从本质上说，啄食顺序理论认为存在一个可以使公司价值最大化（公司发行的股票和债券的价值最大化）的最优资本结构，并且以对不同性质的资本进行排序的方式，给出了决策者应当遵循的行为模式。正因为啄食顺序理论是关于资本结构优化的理论，所以支持或反驳啄食顺序理论的讨论，都是在现代公司金融中的资本结构理论的背景框架下进行的。

1）啄食顺序理论的信息不对称解释

首先考虑信息不对称对公司资本结构的影响。在这方面，啄食顺序理论的主要支持是 Myers 和 Majluf（1984）的模型。该模型认为当存在公司外部投资者和内部经理人之间的信息不对称时，由于投资者不了解公司的实际类型，只能按照对公司价值的期望来支付公司价值，因此如果公司采用外源融资的方式为公司的新项目融资时，会引起公司价值的下降，所以公司发行新股票是一个坏消息，如果公司具有内部盈余的话，公司应当首先选择内源融资的方式。当公司必须依靠外部资金时，如果可以发行与非对称信息无关的债券，则公司的价值也不会降低，因此债券融资比股票融资具有较高的优先顺序。我们可以看到在内源融资优于外源融资的分析上，该模型的论述是比较清晰的，其假设与现实也比较贴近；但是，在债券融资比股票融资优先方面，该模型对啄食顺序理论的支持是建立在很强的理论假设的基础上的。可以说，在这方面，这个模型基本上没有考虑债务融资的代理成本问题，这与现实的差距是比较大的。

2）啄食顺序理论的代理成本解释

信息不对称还导致了另外一个严重的问题——各种融资方式之间的代理成本差异。从代理成本的角度来考虑问题，由于内部经理人和外部投资者之间信息的不对称，进行任何的外源融资都会产生代理成本，引起公司价值的下降，而如果采用内源融资的方法则不会增加公司的代理成本，因此内源融资是比外源融资优先的融资方式。Jensen 和 Meckling（1976）的模型证明，假设公司仅采取外源股权的融资方式，由于信息不对称，存在道德风险问题，内部经理人有可能采取过度的在职消费行为，从而降低公司的价值。因此，内源融资优于外源股票融资。

第 3 章 经济政策不确定性影响非金融企业分配决策的理论逻辑

3.1 经济政策不确定性影响企业分配决策的历史与案例

2008 年席卷全球的金融危机给金融市场和实体经济造成了巨大的冲击，同时也对企业微观决策产生了重要的影响。统计数据显示，2008 年金融危机使美国的很多公司降低了股利支付，有 800 多家公司在 2009 年削减了股息支出，削减数额约 580 亿美元。Campello 等（2010）通过问卷的形式调查了美国、欧洲、亚洲 1 050 位首席财务官，以直接评估其公司在 2008 年金融危机期间是否受到冲击。他们以 2008 年 12 月为参考点，研究了公司未来 12 个月（相对于前 12 个月）在股息支付方面的计划变化。从调查问卷的结果来看，不管是美国、欧洲还是亚洲，大规模还是小规模，私立还是公有，投机型还是投资型公司，他们计划的股息支付都有不同程度的降低，平均股息支付下降的比例在 1.9%~9.1%。进一步的研究发现，受到融资约束的上市公司在 2009 年金融危机期间的股利支付下降比例高达 14%，下降幅度明显超过不存在融资约束的上市公司。

3.2 经济政策不确定性影响企业分配决策的经济机制

第一，经济政策不确定性影响股利支付的现金流波动渠道。信息不对称是决定企业股利政策的重要因素。由于投资者与管理者之间存在信息不对称，故投资者会根据管理者的股利支付行为推测其拥有的有关企业未来经营状况的私人信息。当管理者缩减股利时,投资者会预期企业未来经营不佳,进而采用"用脚投票"的方式卖出手中持有的股票,导致股价大幅下跌,下跌幅度会超过降低股利本应导致的股价下跌幅度。之所以会出现大幅度的股价下跌,是因为股利政策向市场传递了额外的信息。管理者为了避免缩减股利引发的市场惩罚,会在未来现金流不确定性上升时增持现金以维持当前的股利水平。Brav 等(2005)发现,支付股利的公司中有超过 2/3 的首席财务官认为未来现金流的稳定性是影响股利决策的一个重要因素。经济政策不确定性的上升往往预示着企业未来现金流的不可预测性提高,企业管理层为了避免未来股利降低而引发的市场惩罚,会在当前增持现金以备不时之需。基于上述分析,现金流波动渠道认为,经济政策不确定性的上升会降低企业的股利支付。

第二,经济政策不确定性影响企业股利支付的代理成本渠道。与信息含量渠道不同,代理成本渠道认为管理者会利用股利政策主动向市场传递公司信息,即发挥股利政策的信号传递效应。该理论渠道认为,经济政策不确定性的上升增加了企业未来现金流的不确定性,提高了投资者对管理者绩效的评估难度,使得企业面临较高的代理成本。经济政策不确定性的上升使得投资者无法准确区分好公司与坏公司,为了避免投资损失,投资者会对其持有的所有股票都要求更高的风险溢价,进而降低企业估值,估值下降程度反映了企业代理成本的严重程度,即产生逆向选择问题。股利发放能够减少管理者可以自由支配的自由现金流,避免其将公司现金用于无效率投资或建立"商业帝国"等自利行为,有助于降低企业代理成本。因此,对于管理者而言,他们会出于降低因投资者逆向选择而引发的代理成本的目的,在经济政策不确定性上升时增加股利发放,以此向投资者传递公司经营状况的私有信息,缓解投资者与企业间的信息不对称,进而降低逆向选择引发的企业代理成本(Bradley et al.,2003)。

第三,经济政策不确定性影响企业股利支付的融资成本渠道。啄食顺序理论认为,外部融资成本是决定企业是否使用内部融资的重要因素。外部融资成本越高,企业对内部融资的依赖程度就越高,留存收益的作用就越重要,股利发放就会减少。雷光勇等(2015)指出政治不确定性会增加外部投资者、金融机构和管理者的风险预期,外部投资者与融资机构风险预期的上升可能会导致其索要更高的风险溢价,使得企业面临更高的外部融资成本。在经济政策不确定的时期,货币政策一般会趋于紧缩。全怡等(2016)指出紧缩的货币政策会加大企业的融资难度,减少银行的信贷资金,进而使企业的融资成本上升,对企业的现金股利起到抑制作用。许天启等(2017)发现在经济政策不确定性上升时,融资机构更愿意为低风险企业提供相对便利的融资支持,同时以提高贷款利率等方式对高风险企业施加高昂的融资成本,希望能够最大限度上中和经济政策不确定性带来的风险，即在一定程度上提高了企业的融资成本。Chay 和 Suh（2009）认为现金流不确定性较高的公司往往会支付较低的股利，将现金盈余留在公司内部，以应对资金短缺的预期。因此，经济政策不确定性的上升迫使企业不得不保留更多的留存收益用于内部融资，最终减少企业的现金股利支付。

第四，经济政策不确定性影响企业股利支付的投资机会渠道。实物期权理论认为，由于企业投资存在不可逆性，经济政策不确定性的上升会对企业投资产生抑制作用（Julio and Yook，2012；Gulen and Ion，2015）。投资机会较多的企业会产生更多的现金需求，使得企业不得不降低股利支付，以便将资金用于投资项目。经济政策不确定性的上升延迟了企业投资，减少了企业当前的现金需求，使得企业能够将账面的闲置资金以股利发放的形式返还给投资者。因此，投资机会渠道认为企业在经济政策不确定性上升时会增加股利支付。

3.3　经济政策不确定性影响企业分配决策的实证发现

已有研究对经济政策不确定性如何影响企业股利支付进行了实证检验，大部分研究都发现经济政策不确定性的上升会降低企业股利支付，但具体的作用渠道还存在争议。Bradley 等（2003）实证研究了现金流波动对企业股利支付政策的影响，发现 1985~1992 年房地产投资信托基金（real estate investment trusts，REITS）股利支付比率随预期现金流波动率的提高而逐渐下降。其经济学原理在于，未来缩减股利面临的市场惩罚使得管理者股利支付更加谨慎，只有在未来不确定性程度较低时才会发放股利。Bradley 等（2003）为经济政策不确定性影响股利支付的现金流波动渠道提供了经验证据。Chay 和 Suh（2009）使用 1994~2005 年主要市场经济体国家的 5 000 个公司样本，发现现金流不确定性的提高会降低企业的股利支付。进一步地，Chay 和 Suh（2009）对导致上述结果的经济机制进行了分析，发现现金流波动渠道对上述结果的解释力明显超过其他经济机制（如代理成本渠道和投资机会渠道）。Walkup（2016）发现市场层面不确定性的上升使得账面现金水平较低的企业缩紧股利支付以增加企业账面现金，而账面现金水平较高的企业则会出于机会主义行为而增加股份回购。Campello 等（2010）通过对 2008 年金融危机期间美国、欧洲、亚洲上市公司首席财务官的问卷调查，发现受到融资约束的上市公司更有可能在金融危机期间降低股利发放，从而为融资成本渠道提供了直接的经验证据。类似地，

Huang等（2015）以1990~2008年35个国家为研究样本，发现政治风险不确定性上升会显著增加企业的外部融资成本。为了应对外部融资成本的上升，之前支付股利的企业更有可能会终结股利支付，而之前未支付股利的企业也不会在政治风险上升时开始支付股利，这一结果支持了经济政策不确定性影响股利支付的融资成本渠道。此外，少数研究也发现了经济政策不确定性增加企业股利支付的实证证据。Farooq和Ahmed（2019）以1996~2016年美国总统大选作为政策不确定性外生冲击，发现与非选举年相比，公司在选举年会支付更高的现金股利，大选结果不确定性越高，公司股利支付比例就越高，并且选年期间公司支付股利越高，投资者对公司的估值也就越高。这一结果支持了经济政策不确定性影响股利政策的代理成本渠道。

国内学者也对中国经济政策不确定性及其与企业股利之间的关系进行了检验，实证结果大都发现经济政策不确定性会降低企业的股利发放。雷光勇等（2015）从政府官员更替的政治视角，选取市委书记是否变更这一指标衡量政治的不确定性，重点研究其对企业现金股利决策的影响，实证研究表明为应对市委书记变更这种政治不确定性，企业会将现金股利政策调整得更加稳健。一方面，原先未发放现金股利的企业更不愿发放；另一方面，企业显著调减其股利支付强度。进一步发现，相比民企，国企更会因政治不确定性而采取稳健的现金股利政策。并且，政治不确定性程度越大，企业越会稳健地调整现金股利政策。祝继高和王春飞（2013）则通过事件研究法比较分析金融危机前后企业发放现金股利的力度以及和股权结构的关系，研究发现在金融危机期间，上市公司会降低现金股利支付水平，以应对公司盈利下降和未来的不确定性。但是，不同股权结构公司存在明显的不同，非流通股比例较低的公司在金融危机期间更可能降低股利的支付；相反，非流通股比例较高的公司在金融危机期间更有可能支付更多的现金股利，以满足非流通股股东对现金的需求。邓康林和刘名旭（2013）从财务柔性的角度出发，认为当经济发生波动时，处于经济上行期和下行期的股利政策各不相同。当处于经济上行期，外部经济环境良好的情况下，财务弹性良好（动用闲置资金和剩余负债的能力较强）的企业往往倾向采取积极的股利政策；而处于经济下行期，外部经济状况不好的时候，公司股东可能需要进行股利政策的选择来面对经济波动的影响；经济波动的不确定性增加了股东准确评估公司决策有效性的难度。因此，管理层往往采取保守的股利政策。李思飞等（2014）以2007年金融危机为背景，提出保持财务柔性有两种方法，一种是获取稳定的现金流入，另一种是合理地控制现金流出。经济政策不确定性导致的后果就是公司利润和现金流入的不确定性，因此只能通过控制现金流出来保持自己的财务柔性。与职工薪酬、税收等刚性支出相比，减少现金股利支付比较灵活，可以有效减少现金流出。研究表明，经营环境越复杂、宏观环境波动越大、财务柔性储备越低的公司越倾向少分配现金股利。

3.4 相关理论简介

1. 股利政策的信号传递理论

财务理论研究表明，在信息不对称下，公司向外界传递公司内部信息的常见信号有三种：①利润宣告；②股利宣告；③融资宣告。与利润的会计处理可操纵性相比，股利宣告是一种比较可信的信号模式。信号传递理论放松了 MM 理论的投资者和管理当局拥有相同信息的假定，认为在非完美的市场中，管理当局与企业外部投资者之间存在着信息不对称，管理当局占有更多的有关企业前景方面的内部信息。股利是管理当局向外界传递其掌握的内部信息的一种手段，管理者会利用股利政策来传递有关公司未来前景的信息。因此，股利能够传递公司未来营利能力的信息，故股利对股票价格有一定的影响：当公司支付的股利水平上升时，公司的股价会上升；当公司支付的股利水平下降时，公司的股价也会下降。股利政策传递了公司未来发展的信号，投资者可以依据股利是否发放和发放水平来判断公司未来盈余。所以，当公司首次发放现金股利或者提高现金股利水平时，股票价格会上涨，而当公司停止发放现金股利或降低现金股利的水平时，股票价格下跌。

20 世纪五六十年代，美国学者林特纳在对 600 家上市公司财务经理进行问卷调查的基础上，提出了一个有关公司收益分配的理论模型，并提供了有关的实证证据。研究结果表明：管理当局对分派股利的调整是谨慎的，只有在确信公司未来收益可达到某一水平，并具有持续性，基本上可以保证以后股利不会被削减时，才会提高股利。同样，只有在管理当局认为当前的股利政策难以为继时，才会削减股利。也就是说，管理当局一般会尽力保持一个与其收益水平相当的、长期稳定的目标股利支付率。因此他认为，股利分配政策是独立的，它与长期的、可持续的财务收益水平相关，并不从属于其他的经营决策。

通常认为佩蒂特（Pettit）是最早提出股利信息市场反应的学者。他指出，由于受到公共信息披露规范与责任的限制（如财务报表只能提供历史的价值量信息，如果管理当局进行盈利预期，又会带来预期能否实现的未来责任），管理当局可以将股利政策作为向市场传递其对公司未来收益预期的一种隐性手段。他首次将股利信息的变化与向市场传递诸如长期现金流量等新的信息联系起来，而这些信息的重要性则取决于其是否已经为市场所知。

罗斯最早系统地将不对称信息理论引入资本结构和股利政策分析中。他假定企业管理当局对企业的未来收益和投资风险有内部信息，而投资者没有这些内部信息。投资者只能通过管理当局传递出来的信息来评价企业价值，管理当局选择的资本结构和股利政策就是把内部信息传递给市场的一个信号。如果企业发展前景比较好，又不需额外追加大量资金，管理当局可能会调高资本结构中的债务比率，以便充分利用财务杠杆效应，增加普通股的每股盈余；同时，如果他们对公司将来有较高的股利充满信心，就可能采取"昂贵"的但又十分有说服力的方式，即通过支付较高的股利向市场传递这些内部信息。

在前人研究的基础上，米勒正式提出了股利分配的信息含量假说。他指出，公司宣布股利分配能够向市场传递有关公司前景的信息，如果这些信息是投资者以前所未能预期到的，那么股票价格就会对股利的变化做出反应。这种反应就是股利的信息含量效应。非预期的股利增加预示着好消息，是管理当局给市场的一个信号，它表示公司预期会运转得更好。股票价格上涨是因为投资者对未来股利的预期向上调整了，而不是因为公司提高了股利支付率。反之，非预期的股利削减通常是公司陷入麻烦的信号。投资者对未来股利预期的降低（并非公司股利支付率的减少），导致了预期未来股利现值的下降，引起股票价值下跌。股利分配的信息含量假说得到了大量的数据支持。实证研究进一步发现：投资者对股利削减的反应要远大于对同等股利增加的反应。这说明，股利削减中所包含的信息确定性更强，这也与财务管理中的风险厌恶假设相一致。

2. 股利政策的代理成本理论

最早将代理成本应用于股利政策研究的是迈克尔·约瑟夫。他认为现金股利会对降低代理成本做出贡献，因为支付现金股利的政策：①会给管理者带来压力以确保产生足够现金来支付现金股利；②可能迫使管理者为他们的投资项目筹集外部资金，这样能够使股东观察到所筹新资金的用途并可能确定新的资金提供者的身份；③能够减少管理者浪费在非营利投资项目上的现金流量的数量。这样，股东从一个（相对）高的现金股利支付政策中获益。迈克尔·约瑟夫的研究还提供了一个现金股利决策过程模型。

Easterbrook（1984）对公司股价政策理论进行了扩展。他认为，较高的和连续的现金股利支付政策可以迫使公司到外部市场融资，以继续其经营活动。这样做一方面是因为公司需接受新股东、市场监管和中介机构等的监督和审查，使经营者按照最大化股东利益的原则行事，从而降低原来股东的代理成本；另一方面，公司能调整债务股权比率（获得新的贷款利率）以使股东和债权人都不能占优，促使经营者自觉面对风险，从而增加股东的利益。即使在发放现金股利的同时，没有从资本市场上筹集新的资本，也会使公司的债务股权比率增加，这样，股东的财富便未转移给债权人。不断从市场上筹集新资本的意义在于为经营者引入良好的监督机制。

Jensen（1986）引入了"自由现金流量"的概念。从另一个方面研究了现金股利是如何降低代理成本的。他提出了自由现金流量假设，揭示了"管理者手中过多的现金资源是危险的"，提出要遏制其滥用公司的"多余现金"，即"自由现金流量"。最有效的办法就是减少管理者可自由支配的现金资源。股利是其中最直接的手段之一。通过增加现金股利支付或回购股票，把自由现金流量还给股东，可以避免把自由现金流量浪费在低收益的项目上，因此，股利的支付有利于股东代理成本的降低，实质性地提升公司的价值。这样，现金股利可以减少自由现金流量的假说最终又归结到了代理成本理论之上，与 Easterbrook 的研究产生了异曲同工的效果。Jensen（1986）的研究引入了"自由现金流量"的概念，大大提高了现金股利代理成本理论的可实证性，把委托人与代理人之间的利益冲突集中在对公司剩余现金的争夺上。从这个意义上来看，"自由现金流量"假说使现金股利在降低代理成本方面的作用更加直观，易于理解。其他关于现金股利政策与公司代理问题之间关系的研究基本上是对他们理论的检验与应用。

第4章 经济政策不确定性影响企业研发决策的理论逻辑

4.1 经济政策不确定性影响企业研发决策的历史与案例——中美贸易战

当前,中美贸易战已成为影响全球经济走势的最重要的政治经济事件。作为全球最大的两个经济体,中美之间持续的贸易冲突给全球经济带来了巨大的不确定性。此次贸易战可追溯到2017年8月14日,特朗普签署行政备忘录授权贸易代表对中国开展"301调查"。所谓"301调查",是指美国《1974年贸易法》第301条授权美国政府在与其他国家发生贸易争端时,做出单边裁决,并采取不存在于世界贸易组织争端解决机制中的单边措施。"301调查"往往是针对一国实施。在发起此次"301调查"之前4个月,美国还对进口钢、铝制品发起了"232调查"。

进入2018年,中美贸易摩擦进一步升级。3月8日,美国总统特朗普宣布,美国将在很长一段时期对钢铁和铝进口征收25%和10%的重税。但随后豁免盟友,最终被征收高关税的可能"只有中国"。3月21日,中国外交部发言人华春莹在例行记者会上表示,中方不想跟任何人打贸易战,但如果有人非逼迫我们打,我们一不会怕,二不会躲。两天后北京方面做出回应,中国计划对美国输华的128个税项产品加征关税,按2017年统计,涉及美对华约30亿美元出口。4月4日凌晨,特朗普签署备忘录,宣布将对原产于中国的1 300余种进口商品加征25%的关税,涵盖航空航天、信息和通信技术等多个行业,涉及约500亿美元的中国对美出口额。当天经国务院批准,国务院关税税则委员会决定对原产于美国的大豆、汽车、化工品等14类106项商品加征25%的关税,涉及2017年中国自美国进口金额约500亿美元。4月16日美国商务部宣布,将禁止美国公司向中兴通讯销售零部件、商品、软件和技术 7 年。随后，中国另一家通信巨头华为也被调查。5 月 16 日，以国务院副总理刘鹤为首的中方代表团赴美，5 月 20 日据新华社报道，中美双方在华盛顿就双边经贸进行了建设性磋商，并发表联合声明。刘鹤在接受媒体采访时表示，此次中美经贸磋商的最大成果是双方达成共识，不打贸易战，并停止互相加征关税。6 月 15 日，白宫对中美贸易发表声明，对 1 102 种产品总额 500 亿美元商品征收 25%的关税，白宫的声明提到了"中国制造 2025"。中国外交部当天声明，如果美方出台包括加征关税在内的贸易制裁措施，双方谈判达成的所有经贸成果将不会生效。至此，国际经济领域最令人瞩目的一场纷争就在最强的两个大国间打响。

2018 年 7 月 6 日 00：01（北京时间 6 日 12：01），美国开始对第一批清单上 818 个类别、价值 340 亿美元的中国商品加征 25%的进口关税。作为反击，中国也于同日对同等规模的美国产品加征 25%的进口关税。2018 年 7 月 10 日，美国政府公布进一步对华加征关税清单，拟对约 2 000 亿美元中国产品加征 10%的关税，其中包括海产品、农产品、水果、日用品等项目。这一轮关税措施将经公众评论，并在 8 月 20 日至 23 日举行听证会。美国政府将在 8 月 30 日公共评论结束后决定下一步行动。2018 年 8 月 2 日，美国贸易代表声明称拟将加征税率由 10%提高至 25%。2018 年 8 月 8 日，美国贸易代表办公室（Office of the United States Trade Representative，USTR）公布第二批对价值 160 亿美元的中国进口商品加征关税的清单，8 月 23 日起生效。最终清单包含了 2018 年 6 月 15 日公布的 284 个关税项目中的 279 个，包括摩托车、蒸汽轮机等产品，将征收 25%的关税。2018 年 8 月 23 日，美国在"301 调查"项下对自中国进口的 160 亿美元产品加征 25%的关税。2019 年 2 月 24 日，美国总统特朗普宣布，他将推迟 3 月 1 日上调中国输美商品关税的计划。2019 年 5 月 10 日，美方将对 2 000 亿美元中国输美商品加征的关税从 10%上调至 25%。2019 年 6 月 24 日，在美国贸易代表办公室举行的听证会上，反对对中国商品加征关税的声音再次响成一片。2019 年 8 月 15 日，针对美国贸易代表办公室宣布将对约 3 000 亿美元自华进口商品加征 10%的关税，国务院关税税则委员会有关负责人表示，美方此举严重违背了中美两国元首阿根廷会晤共识和大阪会晤共识，背离了磋商解决分歧的正确轨道，中方将不得不采取必要的反制措施。2019 年 10 月，美国商务部发布公告，称自 10 月 31 日起对中国 3 000 亿美元加征关税清单产品启动排除程序。自 2019 年 10 月 31 日至 2020 年 1 月 31 日，美国利害关系方可向美国贸易代表办公室提出排除申请，需要提供的信息包括有关产品的可替代性、是否被征收过反倾销反补贴税、是否具有重要战略意义或与"中国制造 2025"等产业政策相关等。如果排除申请得到批准，自 2019 年 9 月 1 日起已经加征的关税可以追溯返还。

中方在采取必要反制措施的同时，一直与美方经贸代表团保持磋商。然而，谈判过程一波三折，双方在重要立场问题上存在较为严重的利益分歧，经贸磋商迟迟无法达成一致，进一步增加了中美贸易战最终走向的不确定性。2019年末，经过多次贸易磋商，中美贸易战出现缓和迹象。12月13日，中方表示，经过中美两国经贸团队的共同努力，双方在平等和相互尊重原则的基础上，就中美第一阶段经贸协议文本达成一致。同一天，美国贸易代表办公室发表声明，确认中美就第一阶段贸易协议达成历史性的且可执行的协议。尽管如此，中美贸易争端未来走向仍存在诸多不确定性，有待进一步观察。

中美贸易战不断演进过程中，美国政府对以华为为代表的中国高科技企业实施的出口制裁使得中国政府深刻意识到中国企业在很多核心技术方面还受制于人，进一步坚定了中国政府通过科技创新促进企业转型的决心。当前，我国经济高质量发展依然面临着创新能力不强、实体经济发展水平不高等突出的现实问题，进一步强调要坚定不移地实施创新驱动发展战略，逐步建立以企业为主体、市场为导向、产学研深度融合的技术创新体系，构建完善的国家创新体系。为应对我国经济发展步入新常态这一趋势，国家积极大力推进"双创"及"互联网+"等宏观经济政策，在推动企业创新能力提升的同时，也大大增强了经济政策的不确定性。相关研究（刘柳和屈小娥，2019）发现，自2008年金融危机以来，我国经济政策不确定指数的变化呈波动增长趋势，经济政策的不确定性经历了"降低—提高—降低—提高"的波浪式运动轨迹，这种增长趋势也与我国企业研发支出占总资产的比重变动趋势相一致。

4.2 经济政策不确定性影响企业研发决策的经济机制

1. 经济政策不确定性影响企业研发决策的实物期权机制

企业的研发创新活动是企业将大量资金投资于无形资产的过程。作为一项高风险、高收益的活动，研发存在投入时间长、投入金额高、成功率低等特性。经济政策不确定性的提高会导致管理者难以预期未来市场走势，企业经营的不确定性升高，经营环境变得更加复杂，盈利的不确定性随之升高，企业选择进行投资，有可能造成内外部风险的叠加（Gulen and Ion，2015）。投资风险的提高会使企业变得更加谨慎，管理者通常会选择推迟投资计划以对冲风险。因而，投资活动的谨慎和收缩，必然会削弱企业的创新活动（Bhattacharya et al.，2017）。学术界普遍认为实物期权理论是不确定环境下的企业投资决策的重要理论基础

（Dixit and Pindyck，1994），进而成为经济政策不确定性对企业研发创新决策的影响机制。

实物期权理论建立在投资不可逆性的假设之上，认为只有在投资不可逆的情形下，企业才倾向等待投资环境更为明朗，以避免投资收益的损失。当企业经营环境不确定性升高时，企业将暂缓投资活动，等待更多的信息披露后再做出是否投资的决策。因而，不确定性的增加会抑制企业投资（Bernanke，1983）。企业研发投入专用性特征明显，因而具有高度的投资不可逆性（温军等，2011）。由实物期权理论可推知，经济政策不确定性提高，企业等待新信息的价值也会提高，企业将暂缓做出研发投入决策，致使企业研发投入下降，创新水平降低。

此外，实物期权理论框架下，经济政策不确定性也可能对企业研发决策产生促进作用，因为企业的研发投入相较于其他投资具有特殊性，即企业的研发投入本身的不确定性风险是相对稳定的，并不会因为经济环境的好坏而产生明显的波动（Miller and Friesen，1982）。因而在经济环境由于政策的频繁变动而出现不确定性时，企业往往会首先考虑压缩其他部分的企业投资而并不会首先考虑压缩其研发创新的投入。在经济政策不确定性较高的时期，当公司在对创新进行决策时，会将竞争对手对企业创新行为的应对措施作为其重要的考虑因素（Voeks，1997）。由于研发投入本身具有"抢占性"，研发投入一旦取得成果，将会使企业在激烈的市场竞争中占得先机，获得更大的市场话语权和主动性。在经济环境不确定的时期，企业在压缩了其他部分的投资之后，会更有力量和精力进行其研发创新，减少其等待成本以增强企业在未来的市场竞争力（孟庆斌和师倩，2017）。因此，考虑到竞争对手的创新投资策略，当面临较高的不确定性时，企业可能会提前进行创新项目的投资，即企业的研发投入并不会因为经济政策不确定性的提高而减少。

2. 经济政策不确定性影响企业研发决策的企业风险承担机制

风险承担是创新决策制定过程中的关键影响因素，风险承担反映了经理人追寻和把握外部机会的意愿和努力，有助于企业通过创新活动获取长远竞争优势（Faccio et al.，2011）。首先，从损失规避效应的角度来说（Bargeron et al.，2010），在不确定的情况下，企业较高水平的风险承担意味着企业需要付出更多的资金。一方面，经济政策不确定性会降低企业的信用评级，抬高企业的融资成本，降低企业的风险承担水平。另一方面，经济政策的不确定让企业的经营风险增加，这种风险可能导致企业的现金流不稳定，投资者和银行会为承担这种不确定性要求较高的风险溢价，进而不利于企业外部融资（Pástor and Veronesi，

2013），因此，经济政策不确定性会给企业经营尤其是融资造成困难，使企业不敢进行高风险的投资项目。其次，企业愿意承担较高的风险承担水平，原因在于期待通过高风险投资项目获取更高的回报。但在经济政策具有较强不确定性时，企业高风险投资项目产生较大损失的可能性也会加大，企业更倾向选择保守型的投资项目，进而减少企业研发投入。最后，现有研究强调创新活动资源分配的决定最终由经理人来负责（Li and Tang，2010），经理人的风险承担在一定程度上即为企业的风险承担水平，风险厌恶的管理者在进行投资决策时显得更为谨慎。风险厌恶的管理者将降低企业当前的风险承担（罗党论等，2016），减少企业创新投资。

3. 经济政策不确定性影响企业研发决策的融资约束机制

企业研发投入需要大量资金的长期持续性投入，外部融资资源获取则是影响企业进行研发投入的关键因素（解维敏和方红星，2011）。

第一，从企业研发活动的特点出发，创新活动的一个关键特征是，创新活动产出具有较高不确定性，导致创新过程所蕴含信息不对称。首先在研发活动中，由于知识的非排他性，为防止信息外漏，外部投资者很难获得研发相关的信息。其次，创新过程有很高的监管成本。由于研发产出是一种无形资产，外部人很难监督创新人员的努力水平。因而创新活动的融资市场更像是一个"柠檬市场"，并诱发潜在的道德风险，外部投资者难以评估项目的优劣，会要求很高的风险溢价，进而增加了创新的外部融资成本。创新活动的第二个特征是企业创新过程作为一项长期投资，收益不能在短期准确衡量。这一特征蕴含着创新活动投资要保持连续性，任何中断使得研发人员流失，都会造成企业的损失，故创新活动有很高的调整成本（Hall，2002）。企业经营活动所需的现金流往往在很大程度上会受到不确定性的影响，较高的不确定性对于金融机构等资金提供者而言往往意味着较大的违约风险，因而其在提供资金贷款时往往更为慎重，这使得整个外部融资市场的融资成本会大大提高（Greenwald and Stiglitz，1990）。

第二，从债务融资角度来说，债权人的风险主要源于能否按时收回发放的本金和利息。经济政策不确定性会导致企业面临不稳定的发展环境、更高的信息风险以及更加模糊的发展前景，此时，债权人为了应对违约风险，会变得更为谨慎（Bloom et al.，2007）。企业抵押物的价值在市场往往趋于下降趋势，使得企业从外部渠道得到的融资贷款资金减少。企业资产负债表的恶化增加了企业的融资成本，形成了恶性循环。金融机构在面临较大的政策不确定性时，会缩减银根、缩小贷款规模、缩短贷款期限以规避风险（Waisman et al.，2015），进一步加剧企业融资约束。

第三，从股权融资的角度而言，一方面，经济政策不确定性的上升增加了企业股票的风险溢价，增加了企业采用股权融资为研发项目筹措资金的融资成本。此外，在政策不确定性较高的时期，股票市场往往存在较多的噪声，从而影响投资者的投资决定，使得企业在股票市场也面临较大的融资约束。在面临较大的不确定性时，企业需要保持财务的柔韧性以应对不利因素的冲击，在政府政策频繁波动所带来的较大的经济环境不确定性时，企业会更加注重自身现金流的状况，压缩成本以应对风险，这时候企业往往会考虑缩减研发投入等项目而持有足量的现金。另一方面，经济政策不确定性上升增加了以风险投资为代表的创新资金提供方的风险规避动机，降低其通过股权融资为企业创新提供资金支持的动机。

4.3 经济政策不确定性影响企业研发决策的实证发现

目前，经济政策不确定性对企业资本性支出产生的抑制作用在学界已形成基本共识，实证文献也大都发现经济政策不确定性对企业资本性支出产生的抑制作用的经验证据。与资本性支出不同，研发投资具有投入时间长、投入金额高、成功率低等特性，更为重要的是研发投资体现了公司的策略性决策，因此经济政策不确定性对企业研发的影响尚不明确，需要学术界对此提供更为确凿的经验证据。已有实证研究对此进行了有益尝试，但实证结论尚存在较大争议。

经济政策不确定性促进企业研发投入的经验证据。这一领域的实证文献认为经济环境由于政策的频繁变动而出现不确定性时，企业往往会首先考虑压缩其他部分的企业投资而并不会首先考虑压缩其研发创新的投入。在经济政策不确定性较高的时期，当公司在对创新进行决策时，会将竞争对手对企业创新行为的应对措施作为其重要的考虑因素（Voeks，1997）。由于研发投入本身具有"抢占性"，研发投入一旦取得成果，将会使企业在激烈的市场竞争中占得先机，获得更大的市场话语权和主动性。在经济环境不确定的时期，企业在压缩了其他部分的投资之后，会更有力量和精力进行研发创新，减少等待成本以增强企业在未来的市场竞争力（孟庆斌和师倩，2017）。Brouwer（2000）结合 Knight 的不确定性理论，研究市场参与者及市场结构对企业创新绩效的影响，研究结果表明不确定性具有扩散效应，可以提高企业人力资本的利用率，即不确定性促进了企业创新绩效的提高。Atanassov 等（2015）以美国州选举这一特定政治事件作为代理变量，发现政策不确定性的上升推动了企业 R&D 活动，且那些对政治更为敏感、创新较困难、处于高成长期、面临更激烈竞争的企业所受到的影响更加明显。孟庆斌和师倩（2017）选取 2008~2015 年中国 A 股上市公司数据分析得出，经济政策不确定性下企业将加大研发以求更好的发展，且风险厌恶程度越高、研发投入转化为预期回报效率越低的企业越容易受其影响。顾夏铭等（2018）采用中国上市企业的 R&D 数据和专利申请量来衡量企业创新，结果表明经济政策不确定性下，理性企业将增加研发投资以加速技术创新，从而增加市场实力，实现更好的长期效益。李敬子和刘月（2019）研究了贸易政策不确定性对中国企业 R&D 投资的影响。结果发现，贸易政策不确定性对企业 R&D 投资具有正向激励作用，这种作用可通过改变政府补贴、企业出口及融资约束等渠道进行传导。此外，贸易政策不确定性对于异质性企业研发投资的影响程度不同：相比非出口企业而言，出口企业在贸易政策不确定性上升时更倾向加大研发投入；不同所有制下，贸易政策不确定性上升对国有企业 R&D 投资的激励作用最大，民营企业次之，而对外资企业影响不显著；从不同行业来看，制造业企业的研发投资比采矿业和电力、燃气及水的生产与供应业对贸易政策不确定性的影响更为敏感，尤其是高技术制造业企业更容易受到影响；最后，贸易政策不确定性对企业研发投资的影响还存在地区性差异。刘柳和屈小娥（2019）发现，经济政策不确定性对企业研发投入存在正向激励作用，而地区金融结构能够强化这种激励作用。

经济政策不确定性抑制企业研发投资的经验证据。此类研究大都基于实物期权和融资约束视角，认为经济政策不确定性上升增加了研发项目不确定性和融资约束，进而对企业研发投资产生抑制作用。Manso（2011）认为创新是对未经过测试的、可能会失败的方法的探索，所以企业管理层对待创新项目的态度会变得更加慎重。创新项目成功与否在很大程度上与经济政策相关，等待期权的价值对于企业的研发与创新活动更加重要。当公司面临较高的宏观经济政策的波动时，企业创新项目会被推迟。Bhattacharya 等（2017）以国家大选作为经济政策不确定性的代理变量，利用 43 个国家的创新和选举的数据，具体识别到底是经济政策本身还是经济政策的不确定性影响了企业的创新投资水平。其研究结果显示，虽然企业可以基于经济政策不断调整企业决策，但企业不容易确定应该适应何种政策，所以经济政策不确定性是抑制企业创新的主要因素。进一步研究发现，在接近国家的选举时会显著降低企业创新的规模及强度，并且在创新密集型企业中更加显著。陈德球等（2016）以市委书记的变更作为经济政策不确定性的代理指标，考察由市委书记变更引发的政策不确定性会降低企业的创新效率，具体表现为企业专利数量下降，并且这种负向影响在有政治关联、市委书记非正常变更的企业中更为显著。郭平（2016）用世界银行中国企业调查数据研究得到，经济政策不确定性的增加会弱化银行授信对企业研发投入的正向激励作用。张倩肖和冯雷（2018）使用 2004~2015 年我国 A 股上市公司的数据，发现宏观经济政策不确定性会加剧银行信贷风险，致使企业面临较强的融资约束，对企业技术创新具有明显的抑制作用；相对于国有企业，宏观经济政策不确定性对民营企业技术创新的抑制作用更强；相对于东部地区，宏观经济政策不确定性对于中西部地区企业技术创新的抑制作用更大。寇恩惠和戴敏（2019）使用我国 2007~2012 年地级市研发补贴数据，检验了政策不确定性对地方政府研发补贴支持力度的影响，并进一步考察了制度环境改善的调节作用。研究发现，面临政策不确定性时，地方政府研发补贴水平明显降低，而当官员在籍贯地任职或任期越长、企业是国有企业或位于东部地区时，政策不确定性对研发补贴的影响越大。韩亮亮等（2019）利用 2010~2017 年全球创新指数（global innovation index，GII）和经济政策不确定指数，分析 21 个国家和地区相关数据，对经济政策不确定性与创新产出关系进行了实证研究。研究发现，经济政策不确定性越高，国家或地区的创新产出水平越低。这表明经济政策不确定性程度的提高抑制了国家或地区的创新产出；进一步研究发现，随着经济政策不确定性的提高，国家或地区的商标等无形资产产出、创意产品与服务等显著减少。另外，从经济政策不确定性与影响创新产出主要因素的交互结果发现，经济体的人力资本投资与开发因素能够显著降低经济政策不确定性对创新产出的负向作用。此外，也有部分研究从金融资产配置对创新投资的挤出效应角度研究经济政策不确定性对企业研发投入的抑制作用。亚琨等（2018）以 2009~2016 年我国沪深两市 A 股上市公司为研究样本，从企业金融资产配置的动机出发研究企业金融资产配置对创新投资的影响，考察经济政策不确定性对企业金融资产配置与创新投资关系的调节作用，并分析了企业金融资产配置影响创新投资的作用机制。研究结果表明，金融资产配置的"替代"动机显著，抑制了企业创新投资；经济政策不确定性加重了企业金融资产配置对创新投资的挤出效应，并对非高新技术企业及市场竞争程度低的企业影响更显著；金融资产配置抑制企业创新投资的内在机理在于企业风险及盈余管理水平上升。

经济政策影响企业研发投资的非线性关系。少部分研究认为经济政策不确定性对企业研发投资的影响尚不明确，二者之间可能存在某种非线性关系。宋玉禄和陈欣（2018）以主板上市公司 2007~2016 年的数据为样本，考察我国经济政策不确定性对企业研发投入的影响，通过建立非线性固定效应模型发现：①政策不确定性对研发投入的影响呈倒 U 形，即政策不确定性在一定范围内激励研发，过度则抑制研发。②调节效应表明，股权集中和股权制衡正向调节政策不确定性对研发投入的影响。并且两者还有互补效应。类似地，刘婧等（2019）同样发现经济政策与企业研发投入呈倒 U 形关系。

4.4 相关理论简介：创新激励机制简介

美国经济学家索洛教授在其经典理论模型"内生增长模型"中提到了创新对一个国家经济增长的重要作用。哈佛商学院的波特教授也曾提出：在战略管理中，创新对一家企业保持竞争优势地位非常重要，技术创新对一家企业保证优势地位十分关键。据统计资料，一个国家平均85%的经济增长源自技术创新，技术创新对经济增长的重要性不言而喻。然而，在实践中对技术创新进行激励又是十分困难的，创新活动需要探索新方法、新模式、新手段和新视角，并且面临较大的失败风险，因此传统的激励机制在激励企业创新活动方面是失效的（田轩，2018）。

MIT教授Gustavo Manso在其2011年发表于 *Journal of Finance* 上的文章中提出了有关创新激励的重要观点，即"对失败的容忍是激励创新的必要条件"（Manso，2011）。他认为，传统的薪酬-绩效挂钩的激励机制实际上是惩罚失败的（薪水下降或离职），因此会对企业创新产生抑制作用。与传统绩效评价机制相反，最优的创新激励机制应该在创新研发初期表现出足够的失败容忍度（甚至是奖励失败），并且对长期成功加以奖励。在这一激励框架下，管理者获得的薪酬不应仅仅由总体绩效所决定，还应该考虑绩效的实现路径：任职初期表现较好但随后表现不好的管理者获得的薪酬应该少于任职初期表现不好但随后业绩表现良好的管理者。从薪酬结构来看，Gustavo Manso认为最有效的创新激励机制应该由行权期较长的股票期权、期权重新定价（option repricing）机制、"金色降落伞"和"管理者堑壕"共同构成。其中，延长行权期、期权重新定价机制和"金色降落伞"的激励机制组合增加了企业对管理者初期绩效不佳的容忍度，并且对管理者长期绩效进行了奖励，符合理论模型关于区分管理者绩效实施路径的结论，而"管理者堑壕"则有助于强化管理者职位安全感。

第5章 经济政策不确定性影响资产价格的理论逻辑

5.1 经济政策不确定性影响资产价格的历史与案例——美国次贷危机

美国次贷危机（subprime crisis）也称次级房贷危机或次债危机。它是指一场发生在美国，由次级抵押贷款机构破产、投资基金被迫关闭、股市剧烈震荡引起的金融风暴。美国次贷危机是从2006年春季开始逐步显现的。2007年8月开始席卷美国、欧盟和日本等世界主要金融市场。在美国，当地人很少全款买房，通常采用长期按揭贷款借钱买房。可是在这里，失业和再就业是很常见的现象。为了满足收入不稳定以及低收入群体的购房需求，一些贷款机构向信用程度较差和收入不高的借款人提供的贷款，即次级抵押贷款。与传统意义上的标准抵押贷款的区别在于，次级抵押贷款对贷款者信用记录和还款能力要求不高，贷款利率相应地比一般抵押贷款高很多。那些因信用记录不好或偿还能力较弱而被银行拒绝提供优质抵押贷款的人，会申请次级抵押贷款购买住房。美国次级抵押贷款市场通常采用固定利率和浮动利率相结合的还款方式，即购房者在购房后头几年以固定利率偿还贷款，其后以浮动利率偿还贷款。在2006年之前的5年里，由于美国住房市场持续繁荣，加上前几年美国利率水平较低，美国的次级抵押贷款市场迅速发展。随着美国住房市场的降温尤其是短期利率的提高，次贷还款利率也大幅上升，购房者的还贷负担大为加重。同时，住房市场的持续降温也使购房者出售住房或者通过抵押住房再融资变得困难。这种局面直接导致大批次贷的借款人不能按期偿还贷款，银行收回房屋，却卖不到高价，大面积亏损，引发了次贷危机。回顾2007年次贷危机的发生、发展，其演进过程大致可以分为三个阶段。

第一阶段：危机爆发阶段。2007年2月，汇丰银行宣布北美住房贷款按揭业务遭受巨额损失，减记108亿美元相关资产，次贷危机由此拉开序幕。2007年4月，美国第二大次级抵押贷款公司新世纪金融公司（New Century Financial Corporation）因无力偿还债务而申请破产保护，裁减员工比例超过50%。随后30余家美国次级抵押贷款公司陆续停业。受次贷风暴影响，当年8月，美国第五大投行贝尔斯登宣布旗下两只对冲基金倒闭，随后贝尔斯登、花旗、美林证券、摩根大通、瑞银等相继爆出巨额亏损。2008年3月中旬，贝尔斯登因流动性不足和资产损失被摩根大通收购。投资者的恐慌情绪开始蔓延。

第二阶段：全面扩散阶段。次贷危机愈演愈烈，华尔街整体陷入流动性危机。2008年7月中旬，美国房地产抵押贷款巨头"两房"遭受700亿美元巨额亏损，最终被美国政府接管。作为美国最大的汽车厂商，通用公司的股价跌至50余年来的最低水平，破产危机隐现。2008年9月中旬，美国第四大投资银行雷曼兄弟陷入严重财务危机并申请破产保护。美林证券被美国银行收购。华尔街的五大投行倒闭了3家。雷曼兄弟的破产，彻底击垮了全球投资者的信心，包括中国在内的全球股市持续下跌，欧洲的情况尤为严重，诸多知名金融机构频频告急，欧元对美元汇率大幅下挫。2008年9月下旬，总部位于西雅图的华盛顿互惠银行被美国联邦存款保险公司接管，成为美国有史以来倒闭的规模最大的银行。

第三阶段：企稳回升阶段。次贷危机后，不仅金融市场遭受全面打击，流动性出现严重不足，美国的经济也受到严重冲击。2008年第四季度，美国GDP下降6.1%，失业率节节攀升并于2009年创下50多年来的最高纪录。随后，美国政府在2009年出台了全面的经济刺激计划；美联储经过多次降息后，将利率降至接近零的水平，并一直维持不变。除此之外，美联储先后出台了四轮量化宽松政策，通过购买大量的资产支持证券、出售国债，为市场注入流动性。之后，一连串危机拯救措施的效果开始显现，美国经济逐渐复苏，主要股指已经恢复到危机前水平。

为了缓解次贷危机对实体经济造成的负面冲击，主要经济体国家频繁出台经济政策加以应对。经济政策的频繁变动引发的经济政策不确定性预期对全球金融市场造成严重冲击。2008年8月6日，法新社报道指出，美国次贷危机引发的全球性信贷紧缩使得全球股市呈现自2001年互联网泡沫破裂以来的最大跌幅，全球重要股指跌幅均在12%到24%之间。跌幅最大的是日本的日经股指，跌幅为23.6%；其次是巴黎股市CAC40指数，下跌20.7%；道琼斯30种工业股票平均价格指数下跌14.8%；标准普尔500种股票指数下跌13.6%；法兰克福股市DAX指数下跌12.2%；伦敦股市《金融时报》100种股票平均价格指数下跌12.1%。作为全球最大的发展中国家和转型经济体，中国股票市场也遭受了巨大冲击。2007年次贷危机爆发前，中国股票市场一路走高，上证指数由1月末的2786点一路上涨到 6 124 点的历史高位。次贷危机爆发后，股指一路走低，截至 2008 年 4 月 11 日，上证指数为 3 493 点，下跌 2 500 多点，跌幅超过 40%，是当年全球跌幅最大的证券市场。

5.2 经济政策不确定性影响资产价格的经济机制

经济政策不确定性究竟如何影响资产价格，一直是学术界关注的重点问题。一方面，政府的经济政策出台不仅取决于经济因素，政治因素也是政府经济政策选择的重要决定因素，二者相互交织，彼此影响。因此，如何在理论模型中同时考虑经济因素和政治因素对经济政策不确定性的影响构成了学术界面临的现实挑战。另一方面，经济政策不确定性本身可能反映了实体经济的未来前景，如何在资产定价过程中深入挖掘经济政策不确定性背后隐含的实体经济因素，也是学术界在理论建模过程中需要着重破解的关键问题。

1. 经济政策不确定性影响资产价格的直接方式——"看跌保护"期权机制

Pástor 和 Veronesi（2013）首次明确地从政府经济政策"看跌保护"视角，对经济政策不确定性与金融资产风险溢价的关系进行了理论分析。在其构建的模型中，政府在制定经济政策的同时受经济因素和非经济因素的影响：一方面，政府作为社会计划者（social planner），通过制定经济政策实现投资者福利最大化；另一方面，政府在制定经济政策时还需要在新政策的政治成本和政治收益之间进行权衡。政治成本具有高度不确定性，因为投资者无法充分预期政府如何选择新的经济政策。在这种情况下，政治成本的不确定性就构成了经济政策不确定性的重要来源。模型求解后发现，政府只有在新政策承担政治成本较低并且新政策能够较为确定地增加投资者盈利时才会改变现行经济政策。因此，政府往往会在经济低迷并且现行经济政策被认为阻碍经济发展时才会出台新的经济政策。通过用新的经济政策替代原有经济政策，政府相当于为市场提供了"看跌保护"（看跌期权）。"看跌保护"的期权价值随着政府经济政策不确定性的上升而逐渐降低，投资者为了避免因"看跌保护"期权价值下跌而给自身收益造成损失，会在经济政策不确定性上升时要求得到更高的风险补偿，Pástor 和 Veronesi（2013）称其为"政治风险溢价"（political risk premium）。对于投资者而言，经济政策不确定性引发的"政治风险"是不可分散风险，投资者无法通过投资组合进行风险分散，会压低资产价格。在"看跌保护"期权机制下，经济政策不确定性上升会增加金融资产的风险溢价、波动率以及股价之间的相关性。

2. 经济政策不确定性影响资产价格的间接方式——实体经济机制

经济政策不确定性影响资产价格的间接方式主要表现为政策不确定性能够通过消费和企业投资的渠道决定股价的变化。Segal 等（2015）将宏观经济不确定性分成了好的不确定性和坏的不确定性，并利用 Epstein-Zin 效用函数分析了不确定性对消费、企业投资和股价价格的影响。Segal 等（2015）之所以将不确定性分为好、坏两种，主要是基于以下典型事实：①20 世纪 90 年代的互联网革命。当互联网在 20 世纪 90 年代开始广泛应用时，普遍观点认为新技术将为经济增长提供更多的发展机会，但是究竟能提供多少发展机会尚不确定，Segal 等（2015）将这类不确定性称为"好的不确定性"。②2008 年全球金融危机。2007 年美国次贷危机爆发以及随后蔓延全球的金融危机，使得各国政府和投资者普遍预期其会给实体经济造成巨大负面冲击，但是这种负面冲击究竟多大，在当时具有高度的不确定性，Segal 等（2015）将这类不确定性称为"坏的不确定性"。Segal 等（2015）通过构建长期风险模型从理论层面研究好、坏不确定性如何通过消费、产出和投资渠道对股票价格产生不同影响。模型显示，投资者对于尽早解决不确定性的偏好使得不论是好的不确定性还是坏的不确定性都应该降低股票价格，并且这种降低幅度在面临坏的不确定性时应该更加明显。与此同时，由于好的不确定性预示了未来乐观的成长前景，因此股票价格在面临好的不确定性时会相应上涨。两种效应作用相反，最终的作用结果是股价在面临好的不确定环境时会出现上涨，但是投资者仍会对面临的不确定性要求一定的风险溢价。坏的不确定性由于同时反映了未来悲观的成长前景和不确定性，会引发股价下跌，投资者也会对此要求更高的风险溢价。综合上述分析，Segal 等（2015）认为，好、坏不确定性都会增加股票的风险溢价。

5.3 经济政策不确定性影响资产价格的实证发现

（1）经济政策不确定性影响股票价格的实证发现。现有研究主要基于"看跌保护"期权机制和实体经济机制分析经济政策不确定性对股票价格的影响，研究结论尚存在一定争议。其中，Pástor 和 Veronesi（2013）使用经济政策不确定指数（BBD 指数）衡量企业面临的经济政策不确定性，对经济政策不确定性影响股票价格的"看跌保护"期权机制进行了实证检验，发现经济政策不确定性的上升会显著增加股票的风险溢价，并且这种影响在经济下行区间表现得更加明显，这一结果符合"看跌保护"期权机制的理论推断。此外，Pástor 和 Veronesi（2013）还发现，经济政策不确定性的上升会增加股价波动和股价联动性，这种影响同样在经济下行区间表现得更加明显。Pantzalis 等（2000）发现，在进行重大选举前的几周，股市回报率异常高，特别是对于高度不确定的选举，这一结果符合"看跌保护"期权机制的理论推断。Colak 等（2017）基于风险溢价渠道，以美国州政府选举作为经济政策不确定性的外生冲击，采用自然实验研究方法研究经济政策不确定性如何影响企业 IPO 定价。研究发现，州政府大选显著降低了本州企业的 IPO 发行价格，这种降低作用在州政府选举结果不确定性较强、经营业务集中在本州的企业中表现得更加明显。Chan 等（2019）同时基于风险溢价渠道和信息不对称渠道，采用经济政策不确定指数（BBD 指数）作为企业面临经济政策不确定性的衡量指标，研究了经济政策不确定性对企业增发新股折价的影响，发现经济政策不确定性的上升显著增加了企业增发新股折价。经济政策不确定性每上升 1 单位标准差，企业增发新股折价下降 43 个基点。这种降低作用在政府支出依存度较高、信息含量较低以及经济政策不确定性 β 值较小的企业中表现得更加明显。Segal 等（2015）在理论分析基础上，采用方差分解方法区分好、坏不确定性，并分别检验了二者对实体经济因素和股票价格产生的影响。研究发现，好的经济政策不确定性对实体经济因素（消费、产出和投资）具有正向预测作用，进而与股票价格正相关；而坏的经济政策不确定性则对实体经济因素（消费、产出和投资）具有负向预测作用，进而与股票价格负相关。不论是好的不确定性还是坏的不确定性，都与风险溢价呈正相关关系，进而为经济政策不确定性影响股票价格的实体经济机制提供了直接的经验证据。此外，也有少部分文献基于实体经济机制发现经济政策不确定性的提升会降低股权风险溢价。Cremers 和 Yan（2012）使用已有研究采用的多个经济政策不确定性衡量指标，发现经济政策不确定性的上升会提升股票价值（市值/账面比），进而降低股票风险溢价，这一结果与 Pástor 和 Veronesi（2003）理论预测相一致，认为企业利润增长的不确定性上升会增加上市公司的预期利润，进而增加公司价值，而公司价值的上升会降低公司股权的期望收益率，进而降低公司的股权风险溢价。

（2）经济政策不确定性影响债券价格的实证发现。已有研究主要基于"看跌保护"期权机制分析经济政策不确定性对债券价格的影响，研究结论相对一致，即都发现经济政策不确定性的上升会增加债券风险溢价。其中，Waisman 等（2015）分别使用美国总统大选、州长选举及经济政策不确定指数作为经济政策不确定性衡量指标，发现经济政策不确定性的上升显著增加了企业债的信用价差，这种影响在选举结果不确定程度较高时更加明显。类似地，Cremers 和 Yan（2012）使用已有研究采用的多个经济政策不确定性衡量指标，发现经济政策不确定性的上升会降低企业债的估值，进而提高债务融资成本。Gao 和 Qi

（2019）以州政府选举期间的美国市政债券收益率为研究对象，研究经济政策不确定性对政府债务融资成本的影响，发现州政府选举引发的经济政策不确定性上升显著增加了市政债券收益率。

（3）中国情境下的经济政策不确定性也会对金融资产价格产生重要影响，已有研究为此提供了直接证据。其中，贾盾等（2019）基于 2011~2017 年 A 股市场数据，发现股市指数在发布货币供应量指标的公告前几天内会出现显著为正的风险溢价，而在指标发布后溢价并不显著，他们将其称为"预公告溢价效应"。进一步的研究显示，预公告溢价的产生并非由于市场提前预期到货币政策的走向，而是来源于投资者预先获得了对政策不确定性的溢价补偿。陈国进等（2017）发现：政策不确定性通过随机的政策调整成本影响政府决策，进而影响随机贴现因子波动和股票价格；政策不确定性通过影响企业利润率、家庭消费和风险资产投资比例，进而影响企业账面价值和股票价格；政策不确定性对股票价格的影响程度受到习惯形成、风险厌恶系数、风险资产投资比例等变量的影响。陈国进等（2018）运用面板数据回归模型对政策不确定性与股票风险的关系进行量化分析，结果表明：①政策不确定性能够通过企业现金流、贴现因子和相关系数等途径提高股票风险，该效应在控制传统风险因子、企业异质性因素和外部环境因素后依然显著；②具有非国有性质、较低营利能力和低资产增长率的企业股票更易受政策不确定性的影响；③在经济萧条和改革幅度较大的阶段，政策不确定性对股票风险的溢出效应显著增强。

5.4 相关理论简介

1. 风险溢价简介

风险溢价是投资者对其承担风险所要求得到的风险补偿。财务动荡的公司所发行的"垃圾"债券通常支付的利息高于特别安全的美国国债利息，因为投资人担心公司将无法支付所承诺的款项。风险溢价是金融经济学的核心概念，对资产选择、资本成本及经济增加值（economic value added，EVA）估计具有非常重要的理论意义。

从投资学的角度而言，风险溢价可以视为投资者在投资高风险时所要求的较高报酬。衡量风险时，通常的方法就是使用无风险利率（risk-free interest rate），即政府公债之利率作为标准来与其他高风险的投资比较。高于无风险利率的报酬称为风险溢价。高风险投资获得高报酬，低风险就只有较低的报酬，风险与风溢价成正比。股权风险溢价（equity risk premium，ERP）是指市场投资组合或具有市场平均风险的股票收益率与无风险收益率的差额。从这个定义可看出：一是市场平均股票收益率是投资者在市场参与投资活动的预期"门槛"，当期收益率低于平均收益时，理性投资者会放弃它而选择更高收益的投资；二是市场平均收益率是一种事前的预期收益率，这意味着事前预期与事后值之间可能存在差异。对于债券而言，投资者购买债券，均预期债券所给予的回报率会高于银行存款，因为购买公司的债券要承担风险。由于承担额外风险而要求的额外回报，就称为"债券风险溢价"。

2. 资本资产定价模型简介

资本资产定价模型（capital asset pricing model，CAPM）是由美国学者夏普、林特那、特里诺和莫辛等于1964年在资产组合理论和资本市场理论的基础上发展起来的，主要研究证券市场中资产的预期收益率与风险资产之间的关系，以及均衡价格是如何形成的，是现代金融市场价格理论的支柱，广泛应用于投资决策和公司理财领域。CAPM假设所有投资者都按马科维茨的资产选择理论进行投资，对期望收益、方差和协方差等的估计完全相同，投资人可以自由借贷。基于这样的假设，CAPM研究的重点在于探求风险资产收益与风险的数量关系，即为了补偿某一特定程度的风险，投资者应该获得多少的报酬率。

CAPM认为，当资本市场达到均衡时，风险的边际价格是不变的，任何改变市场组合的投资所带来的边际效果是相同的，即增加一个单位的风险所得到的补偿是相同的。基于此，得到资本市场条件下的CAPM：

$$E(r_i) = r_f + \beta_{i,m}\left[E(r_m) - r_f\right]$$

CAPM的经济学含义说明如下：①单个证券的期望收益率由两个部分组成——无风险利率以及对所承担风险的补偿（即风险溢价）；②风险溢价的大小取决于 β 的大小，β 值越高，表明单个证券的风险越高，所得到的补偿也就越高；③ β 度量的是单个证券的系统风险，非系统性风险没有风险补偿。CAPM认为，β 是用以度量一项资产系统风险的指标，是用来衡量一种证券或一个投资组合相对总体市场的波动性（volatility）的一种风险评估工具。从市场组合的角度看，可以视单项资产的系统风险为对市场组合变动的反映程度，用 β 度量。β 表示的是相对于市场收益率变动，个别资产收益率同时发生变动的程度，是一个标准化的度量单项资产对市场组合方差贡献的指标。

CAPM给出了一个非常简单的结论：只有一种原因会使投资者得到更高回报，那就是投资高风险的股票。不容怀疑，这个模型在现代金融理论里占据着主导地位。在CAPM里，最难以计算的就是 β 值。当尤金·法玛和肯尼斯·弗兰奇研究 1963~1990 年纽约证券交易所、美国证券交易所及纳斯达克市场里的股票回报时发现：在这长时期内 β 值并不能充分解释股票的表现。单个股票的 β 和回报率之间的线性关系在短时间内也不存在。他们的发现似乎表明了 CAPM 并不能有效地运用于现实的股票市场内。事实上，有很多研究也表示对 CAPM 正确性的质疑，但是这个模型在投资界仍然被广泛利用。虽然用 β 预测单个股票的变动较困难，但是投资者仍然相信 β 值较大的股票组合会比市场价格波动性大，不论市场价格是上升还是下降；而 β 值较小的股票组合的变化则会比市场的波动小。

第6章 经济政策不确定性影响企业现金持有策略的理论逻辑

6.1 经济政策不确定性影响企业现金持有策略的历史与案例——金融危机期间公司现金持有决策

2008年美国次贷危机引发的金融危机在全球蔓延。此次全球金融危机不仅对金融市场造成了剧烈冲击,而且对实体经济也产生了深远影响,在很大程度上改变了企业的经营决策。金融危机之后,美国上市公司大幅度增加了账面现金比例。与资产规模相比,美国上市公司的现金持有规模在金融危机之后出现明显上升,据美国消费者新闻与商业频道(Consumer News and Business Channel,CNBC)统计资料,美国上市公司持有现金总规模一度达到创纪录的8 000亿美元,这一现象引发了学界和实务届的广泛关注。一种普遍的观点认为,金融危机后监管环境的变化和政策确定性的上升使得企业投资决策更为保守,进而使得企业因缩减投资而引发账面现金飙升。另一种观点则认为,企业增持现金是出于对类似雷曼兄弟倒闭这类信用危机事件的恐惧。也有观点认为,跨国公司出于避税的目的,以账面现金的形式保有境外获得利润,也会使得账面现金有所增加。实际上,2008年全球金融危机引发企业增持现金。企业在历次金融危机期间都会出现明显的现金增持现象。例如,Lee和Song(2012)发现,1997年亚洲金融危机给东亚国家的资产负债表带来了长期影响,亚洲公司的平均账面现金比例(现金及现金等价物/总资产)由1996年的10.7%上升到2005年的16.6%。

如前所述,尽管导致企业在金融危机期间增持现金的原因是多方面的,但不可否认的是,金融危机引发的经济政策不确定性是决定企业现金持有策略的一个重要因素。金融危机过后,世界各国往往会对现有的监管政策进行调整。

而且一般来说，监管政策在危机之后会日趋严格。另外，各国政府为了缓解金融危机对本国金融体系和实体经济的负面影响，往往也会出台各种经济刺激政策，政策频繁变动引发的不确定性加大了企业的避险动机，迫使其增持现金以备不时之需。

6.2 经济政策不确定性影响企业现金持有策略的经济机制

1. 经济政策不确定性影响企业现金持有的预防性动机渠道

啄食顺序理论认为，外部融资成本是决定企业融资选择的重要因素。外部融资成本的上升会增加企业对内部资金的需求，进而增加企业的现金持有水平。经济政策不确定性的上升增加了企业经营风险和未来现金流的波动性，进而增加企业财务风险和违约风险，使得企业获得外部融资的难度和成本上升。外部融资成本的上升使得企业更加依赖内部融资，企业出于预防性动机会在当前增持现金，避免在未来陷入财务困境。此外，经济政策不确定性的上升增加了金融机构经营风险以及金融机构与企业之间的信息不对称，金融机构出于降低自身风险的目的会提高信贷标准或降低信贷供给，降低了企业外部融资可得性，进而也会使企业出于预防性动机而增持现金。预防性动机渠道认为，经济政策不确定性的上升会使企业增加现金持有。

2. 经济政策不确定性影响企业现金持有的代理成本渠道

经济政策不确定性的上升往往会加剧管理层与投资者之间的信息不对称，会降低管理层尽职程度的可观测性，使得投资者无法对管理层的经营绩效进行准确评估。此外，信息不对称程度的上升也使得投资者无法准确评估管理者决策的合理性，增加了股东对管理层的监管难度，由此引发的代理成本上升使得自利的管理者有动机和有能力保有更多的自由现金流，以达到享受"平静生活"（或规避市场监管）、掏空企业或构建"企业帝国"等个人目的。代理成本渠道认为，经济政策不确定性的上升会使企业增持现金。

3. 经济政策不确定性影响企业现金持有的投资机会渠道

实物期权理论认为，由于企业投资存在不可逆性，经济政策不确定性的上升会对企业投资产生抑制作用（Julio and Yook，2012；Gulen and Ion，2015）。投资机会较多的企业会产生更多的现金需求，使得企业将更多的账面现金用于现金投资，进而降低企业现金持有水平。经济政策不确定性的上升不仅会延迟企业投资，而且可能使企业放弃一部分投资项目，减少企业未来现金需求，使得企业账面的闲置资金有所增加。因此，投资机会渠道认为经济政策不确定性上升时企业现金持有会增加。

6.3 经济政策不确定性影响企业现金持有策略的实证发现

（1）经济政策不确定性影响企业现金持有的预防性动机实证发现。目前，有关经济政策不确定性与企业现金持有策略关系的实证文献并不多见。仅有的文献中，Phan 等（2019）使用经济政策不确定指数衡量企业面临的经济政策不确定性，发现企业在经济政策不确定性上升时会增持现金，这一现象在依赖政府支出的企业中表现得更加明显。他们还进一步识别了这一实证结果背后的经济机制，发现与投资机会渠道相比，现金持有的预防性动机能够更好地解释企业在经济政策不确定性上升时增持现金这一实证现象。与国外研究相比，大量的国内文献对经济政策不确定性与企业现金持有的关系进行了检验。从研究结论来看，大多数的研究支持了企业现金持有的预防性动机，发现企业在经济政策不确定性上升时，出于预防性动机而增持现金。例如，张光利等（2017）使用中国经济政策不确定指数衡量企业面临的不确定性，发现在经济政策不确定性增强时期，企业出于预防性动机提高了现金持有的水平和速度。融资能力的异质性影响了企业现金持有行为对经济政策不确定性的反应，非国有企业的现金持有行为受经济政策不确定性的影响更大，银企关系和政治关联缓解了经济政策不确定性对企业现金持有行为的冲击。陈艳艳和程六兵（2018）以 1999~2015 年中国上市企业为研究样本，研究发现随着经济政策不确定性的增加，企业出于预防性动机会增加现金持有。在民营企业中，高管无政府工作经历的企业的现金持有对经济政策不确定性具有更高的敏感性。类似地，余靖雯等（2019）利用 1999~2013 年中国上市公司的数据，从省级党代会召开的角度研究宏观政策不确定性对企业现金持有的影响。实证结果发现，省级党代会召开的前一年和当年，宏观政策不确定性较高，企业出于预防性动机增加现金持有，省级党代会召开的后一年，企业现金持有水平降低；民营企业、经理人持股比例高的企业以及市场化程度较低地区的企业对宏观政策不确定性更为敏感。

(2) 经济政策不确定性影响企业现金持有的代理成本渠道实证发现。王红建等 (2014) 以 2003~2011 年中国非金融上市公司为研究样本，使用经济政策不确定指数衡量企业面临的经济政策不确定性，发现经济政策不确定性水平越高，公司现金持有水平越高，且代理问题越严重，两者关系越敏感，所在地区市场化程度越低，企业现金持有水平受经济政策不确定性影响越敏感。王红建等 (2014) 的实证结果为经济政策不确定性影响企业现金持有的代理成本渠道提供了经验证据。

(3) 经济政策不确定性影响企业现金持有的投资机会渠道实证发现。除了预防性动机之外，也有国内研究从投资机会渠道解释经济政策不确定性对企业现金持有策略的影响。例如，李凤羽和史永东 (2016) 使用经济政策不确定指数 (BBD 指数) 衡量企业面临的经济政策不确定性，发现企业在经济政策不确定性上升时会增持现金，这种现金增持行为在融资约束较为严重、股权集中度较低以及学习能力较差的企业中更加明显。此外，他们还采用中介效应分析方法，发现企业在经济政策不确定性上升时增持的现金，有一部分是以放弃当前投资机会为代价的，支持了经济政策不确定性影响企业现金持有的投资机会假说。张成思和刘贯春 (2018) 利用 2007~2017 年非金融类上市公司的季度数据开展实证检验，发现经济政策不确定性上升抑制了企业投资，进而导致企业账面现金上升，其实证结果实际上支持了经济政策不确定性影响企业现金持有的投资机会渠道。

此外，也有少部分文献发现经济政策不确定性上升会降低企业现金持有。例如，邓思依 (2018) 以 2004~2014 年中国城市官员换届作为经济政策不确定性的外生冲击，发现上市公司在城市官员换届的年份会减少现金的持有。进一步研究发现，规模较小的企业和负债较少的企业在官员变更期间将会更为显著地减少现金的持有。官员的来源也会对现金持有水平产生影响，换届时，如果新任官员属于外部调任的情况，相对而言，上市公司面临的政治冲击更大，从而会更显著地减少持有的现金。邓思依 (2018) 认为，之所以产生这一结果，是因为地方官员对当地经济具有较强的影响力，对制定政策握有足够的权力。在相对绩效考核的官员晋升机制下，中央政府根据地方经济指标对官员进行考核和提拔。由于中央政府将官员的晋升与地方经济绩效挂钩，新任官员为获取晋升资本，对发展经济具有很大的动机，出于"新官上任三把火"的传统，这种动机在上任之初会更加强烈 (陈艳艳和罗党论, 2012)。新任官员会制定一些新的政策来刺激当地经济的发展。对于一个目标行为最大化的政府来说，扩大投资对短期内经济增长的推动最为直接。为了推动企业投资的扩大，政府会降低企业筹集资金的成本，企业持有现金的机会成本增加而回报降低，站在权衡理论的视角，企业会减少现金的持有。

6.4 相关理论简介

1. 货币的预防性动机

凯恩斯的货币需求理论主要是基于其著名的《就业、利息和货币通论》一书所提出的流动性偏好理论，由于凯恩斯师从马歇尔，他的货币理论在某种程度上是剑桥货币需求理论合乎逻辑的发展。在剑桥学派的货币数量论中，所提出的问题是人们为什么会持有货币，对这一问题的回答直接导向了剑桥学派对人们持币的交易需求的分析，但是，剑桥理论的缺陷是没有就此进行深入的分析。与剑桥学派的前辈不同，凯恩斯详细分析了人们持币的各种动机，对人们持币的所得分析更为精确。按照《就业、利息和货币通论》的分析，人们持有货币的动机包括持币的交易动机、持币的谨慎动机和持币的投机动机，相应地人们持币的需求包括货币的交易需求、谨慎需求和投机需求。在这三种需求中，一般假定交易需求和投机需求是加性可分的，谨慎需求由于不宜单独分离出来，分别归结到交易需求和投机需求之中，因此，凯恩斯的货币需求就由下列两个部分组成：$M = M_1 + M_2 = L_1(Y) + L_2(r)$。式中 $L_1(Y)$ 代表与收入 Y 相关的交易需求，$L_2(r)$ 代表与利率 r 相关的投机性货币需求。由于凯恩斯的货币需求理论在现代宏观经济学和宏观经济政策制定中具有核心作用，故进一步完善深化凯恩斯所提出的流动性偏好理论就显得非常重要，而这一发展也就构成了第二次世界大战后至20世纪70年代货币理论发展的主流。

按照凯恩斯的观点，作为价值尺度的货币具有两种职能，一是交换媒介或支付手段，二是价值贮藏。货币需求就是人们宁愿牺牲持有生息资产（如各种有价证券）会取得的利息收入，而把不能生息的货币保留在身边。至于人们为什么宁愿持有不能生息的货币，是因为与其他的资产形式相比，货币具有使用方便灵活的特点，是因为持有货币可以满足三种动机，即交易动机、预防动机和投机动机。所以凯恩斯把人们对货币的需求称为流动偏好（liquidity preference）。流动偏好理论表示人们喜欢以货币形式保持一部分财富的愿望或动机。

预防性货币需求亦称为"谨慎性货币需求"，个人或企业为预防意外支出的谨慎动机而持有一定的货币量。例如，个人或企业必须持有一定的货币量以应付意外事故、失业、疾病以及其他事先未能料到的事件所需的开支。与货币的交易需求产生于收入和支出间的不同步不同，货币的预防性需求产生于未来收入和支出的不确定性；同样，预防未来的不确定性是为了消费支出，而投机性货币需求则是为了把握未来的不确定性而获利。西方学者认为，个人对货币的预防需求量主要取决于个体对意外事件的预期和态度，但从社会总量来看，预防性货币需求量大体上也是收入的函数。如果用 L_1 表示交易动机和预防动机所产生的全部货币需求量，用 Y 表示收入，则这种货币需求量与收入的关系可表达为 $L_1 = L_1(Y)$，其中 Y 和 L_1 都是实际量而不是名义量。

2. 自由现金流假说

自由现金流假说是 Jensen 在 1986 年发表于《美国经济评论》上的《自由现金流量的代理成本、公司财务与收购》一文中正式提出来的，并把"自由现金流量"（free cash flow）定义为"企业现金中超过用相关资本成本进行折现后净现值（NPV>0）的所有项目所需资金之后的那部分现金流量"。Jensen 提出的自由现金流量与会计意义上的自由现金流量不同，它难以进行度量。虽然在实证中，经常用会计意义上的自由现金流量来代表 Jensen 的自由现金流量，但是二者并不总是相同。只有当公司不存在净现值大于零（NPV>0）的投资项目时，二者才会相等。一般来说，托宾 Q 是企业投资机会较为理想的衡量指标，它是指公司的市场价值与资产重置成本的比值，当 $Q>1$ 时，公司有好的投资机会，反之，则投资机会较差。在引入托宾 Q 后，只有当公司托宾 $Q<1$ 时，公司在会计意义上的自由现金流才能代表 Jensen 的自由现金流量。

从 20 世纪 60 年代到 20 世纪 80 年代，美国石油行业经历了从繁荣到衰败的转折，这是自由现金流量假说最直接的背景。美国石油行业从 20 世纪 60 年代末开始出现繁荣景象，利用积累的大量现金进行了广泛的投资活动，然而管理者的自私动机直接导致了 1975~1985 年投资项目的大量失败，股价也持续下跌。Jensen 认为，在企业产生大量自由现金流量时，管理者会更倾向浪费行为和不明智地使用自由现金流量，进而导致投资边际效率降低。Jensen 认为，自由现金流量应完全交付股东，这将降低代理人的权力，同时再度进行投资计划所需的资金在资本市场上的更新筹集将受到控制，由此可以降低代理成本，避免代理问题的产生。

下篇　中国经验篇

第7章 经济政策不确定性会抑制企业投资吗？
——基于中国经济政策不确定指数的实证研究

本章以政府经济政策不确定性为出发点，研究这种特殊的不确定性是否会抑制企业投资。有别于国内已有研究，本章使用斯坦福大学和芝加哥大学联合发布的中国经济政策不确定指数衡量我国经济政策的不确定性，发现经济政策不确定性的提高会对企业投资产生抑制作用，这种抑制作用在2008年金融危机之后表现得更加明显。进一步的研究显示，企业的投资不可逆程度、学习能力、所有权性质、机构持股比例及股权集中度能够影响经济政策不确定性对企业投资的抑制程度。研究结论表明，政府在希望通过改变现行经济政策刺激企业投资时，也要关注经济政策频繁变动引发的经济政策不确定性可能对企业投资产生的抑制作用。

7.1 引言与背景

经济政策不确定性，指的是经济主体（本章主要指企业）无法确切预知政府在未来是否、何时以及如何改变现行经济政策（Gulen and Ion，2015）。经济政策是政府塑造企业外部经营环境的重要手段，换言之，政府通过经济政策制定或改变企业的"游戏规则"。政府改变现行经济政策主要出于以下两种目的：一是促进企业盈利以实现社会福利最大化；二是权衡政治成本（或得益）。政府只有在现行经济政策对企业盈利的促进作用低于某一非负的临界值时，才会改变现行经济政策，而这一临界值则由新政策奏效的确定程度及其可能带来的政治成本所决定（Pástor and Veronesi，2012）。一般来说，政府只有在新政策的政治成本较低并且能够较为确定地提高企业盈利时，才会改变现行经济政策。由于各种经济政策的政治成本对企业来说往往是不可观测的，因此政治成本就成为经济政策不确定性产生的主要原因（Pástor and Veronesi，2013）。目前，国内学术界主要关注政府经济政策（如货币政策、财税政策）改变（一阶矩）对企业决策的影响，鲜有学者关注经济政策不确定性（二阶矩）对企业决策的影响。与经济政策改变相比，经济政策不确定性对企业决策的影响更为隐蔽，不容易引起政府的足够重视，但其对一国经济的影响程度却不容小视，很多经济学家甚至认为不确定性本身就是经济衰退的重要驱动力（Bloom，2009）。

2008年全球金融危机之后，受到全球需求持续萎缩的影响，我国经济增速明显放缓。为促进经济复苏，中央政府于2009年推出一揽子经济刺激计划。然而，这一刺激计划不但没有达到预期效果，反而引发了新一轮的通货膨胀，使我国政府陷入了"保增长"和"控通胀"的两难境地，加之国际经济环境错综复杂，我国经济政策的不确定性不断增强。在这一背景下，本章以政府经济政策不确定性为出发点，研究政府经济政策不确定性是否会对我国上市公司的投资决策产生影响以及这种影响在不同类型上市公司中的差异，对于提高我国政府经济政策制定效率以及促进我国经济长期可持续发展都具有较为重要的理论和现实意义。

企业在不确定环境下的投资决策一直受到经济学和金融学的广泛关注。目前，有关这一领域的理论研究存在两派截然相反的观点：一派观点认为不确定性的提高会促进企业投资，代表性研究包括 Oi（1961）、Hartman（1972）、Abel 和 Blanchard（1986）、Bar-Ilan 和 Strange（1996）、Kulatilaka 和 Perotti（1998）。其中，Oi（1961）、Hartman（1972）以及 Abel 和 Blanchard（1986）在假设资本的边际收益产品是产出价格的凸函数以及不存在调整成本的情况下，证明了不确定性与企业投资正相关。Bar-Ilan 和 Strange（1996）从投资时滞（investment lags）角度，证明延迟投资的边际成本随着不确定性的提高而增加，从而得出不确定性与企业投资正相关的结论。Kulatilaka 和 Perotti（1998）则从不完全竞争角度，认为如果投资项目有助于限制竞争，那么不确定性的提高将促进企业投资；另一派观点则认为，不确定性的增加会抑制企业投资，代表性的研究包括 Dixit 和 Pindyck（1994）、Abel 和 Eberly（1999）、Panousi 和 Papanikolaou（2012）、Ilut 和 Schneider（2012）以及 Gulen 和 Ion（2015）。其中，Dixit 和 Pindyck（1994）、Abel 和 Eberly（1999）从实物期权角度，认为在存在调整成本（投资不可逆）的情况下，投资机会可以看作企业持有的一项期权，不确定性的上升能够通过提高期权价值的方式增加企业的边际投资成本，从而对企业投资产生抑制作用。Panousi 和 Papanikolaou（2012）、Ilut 和 Schneider（2012）则从管理层风险态度的角度，认为管理层的风险厌恶和不确定性厌恶（ambiguity aversion）特征会使企业在不确定性上升时缩减投资。此外，Gulen 和 Ion

（2015）还从风险溢价角度，认为不确定性会提高风险溢价，增加企业的外部融资成本，从而对企业投资产生抑制作用。

与理论研究类似，目前这一领域的实证研究也存在一定的争议。早期的研究从宏观层面关注不确定性对总投资的影响，其研究结论大都支持不确定性对总投资的抑制作用（Goldberg，1993；Ferderer，1993；Ferderer，1996）。然而，宏观层面的研究无法区分不确定性对不同类型企业影响的差异。鉴于此，最近的研究开始从微观层面探讨不确定性对企业投资决策的影响（Baum et al.，2008；Baum et al.，2010）。与宏观层面研究相比，尽管微观层面的研究也发现不确定性与企业投资负相关，但其研究结论在考虑企业经营环境控制变量（如托宾 Q）之后并不稳健（Stein and Stone，2012）。不论是宏观层面还是微观层面，已有研究大都笼统地研究不确定性对企业投资的影响，较少对不确定性的具体来源进行区分，我们从不确定性衡量指标中就可以窥见一斑。目前，实证研究主要使用股票收益波动率（Bloom et al.，2007；Panousi and Papanikolaou，2012；Stein and Stone，2012）、经营业绩波动率（Ghosh and Olsen，2009）、分析师预测分歧（Bond and Cummins，2004）以及宏观经济指标（包括利率、汇率、通货膨胀率、GDP 及原油价格等）的条件波动率（Quagliariello，2009）衡量企业面临的不确定性。其中，股票收益波动率、经营业绩波动率和分析师预测分歧衡量的是企业面临的总体不确定性，无法识别不确定性的具体来源。尽管宏观经济指标（包括利率、汇率、通货膨胀率、GDP 及原油价格等）的条件波动率较前三个指标而言指向更为明确（宏观经济不确定性），但宏观经济因素彼此关联，很难识别究竟是哪个宏观因素的不确定性对企业投资产生影响。另外，基于宏观经济历史数据计算的条件波动率能否准确衡量企业面临的不确定性还存在争议，并且可能存在比较严重的内生性问题。

金融危机之后，各国政府为避免本国经济陷入衰退，都加强了对本国金融市场和实体经济的干预。政府频繁干预引发的经济政策不确定性引起了学术界的关注。最新研究发现经济政策不确定性会对金融市场产生影响，表现为经济政策不确定性增加了金融资产的风险溢价、波动幅度以及彼此间的波动联动性，并且发现上述现象在经济衰退时更加明显（Pástor and Veronesi，2012，2013）。此外，还有研究发现经济政策不确定性会影响企业的经营决策，如抑制企业投资（Julio and Yook，2012；Gulen and Ion，2015）、增加企业债务成本和降低企业债务评级（Francis et al.，2014；Bradley et al.，2013）、减少企业股利发放（Huang et al.，2013）等。从实证研究使用的经济政策不确定性衡量指标来看，已有研究主要使用政府换届（Julio and Yook，2012）、政治版图（Kim et al.，2012）以及斯坦福大学和芝加哥大学联合发布的经济政策不确定指数（Pástor and Veronesi，2013；Gulen and Ion，2015）衡量经济政策不确定性。在这三类指标中，政府换届和政治版图对企业决策来说是严格外生的，但是这两个指标发生变化往往间隔较长的时间，缺乏足够的时变性，无法衡量指标变动间隔内的经济政策不确定性（Gulen and Ion，2015）。与前两个指标相比，由斯坦福大学和芝加哥大学每月发布的经济政策不确定指数较为连续，能够较好地反映经济政策不确定性的时变性特征。

目前，国内学者大都使用宏观经济变量的条件方差衡量企业面临的不确定性（陆庆春和卢小广，2008；邱兆祥和刘远亮，2010；梁权熙等，2012；陆庆春和朱晓筱，2013），也有部分学者使用经营业绩波动率（申慧慧等，2012）衡量企业面临的不确定性。与国外相关研究类似，上述国内研究同样没有明确识别和区分不确定性的具体来源。总体而言，国内针对政府经济政策不确定性与企业投资关系的实证研究还比较少见。极少数国内学者研究了地方政府换届对企业投资的影响（陈艳艳和罗党论，2012；贾倩等，2013），但这些研究主要关注地方政府政策层面的不确定性，而没有考虑宏观经济政策层面的不确定性。国内已有研究还大都没有对回归模型可能存在的内生性问题进行详细讨论，也没有对不同的不确定性衡量指标之间的关系进行厘清，从而降低了实证研究结果的准确性。此外，国内学者关于哪些因素能够影响经济政策不确定性对企业投资作用程度的研究还不够深入，考虑的影响因素较为有限。最后，受到不确定性衡量指标数据频率所限，国内有关不确定性与企业投资的实证研究大都使用年度或频率更低（地方政府换届）的数据，难以识别不确定性中短期变动对企业投资的影响。

7.2 待检验假设与研究设计

7.2.1 待检验假设

传统的净现值理论认为，当投资收益现金流的贴现值超过投资成本贴现值时，企业会进行投资。然而，净现值理论忽略了企业投资的不可逆性和企业的择时投资能力（Dixit and Pindyck，1994）：一方面，对于大多数企业来说，至少有一部分投资成本属于沉没成本，企业无法在盈利前景发生变动时收回这部分成本；另一方面，当面临未来不确定性时，企业可以延迟当前投资直到出现更多的信息披露。实物期权理论的出现弥补了净现值理论的上述不足，该理论将期权思想引入企业投资决策，认为企业拥有的投资机会类似于金融学中的看涨期权，即企业拥有在未来某一时点购买资本性资产（投资）的权利。购买资本性资产（投资）的不可逆性使得企业投资相当于执行了看涨期权，而企业投资成本则构成了期权的执行价格。在实物期权框架下，企业选择当前投资就意味着放弃了等待未来市场环境进一步变好的权利，而这种继续等待的权利对企业来说是有价值的，是企业当前投资需要承担的机会成本。理性的企业决策者在进行投资决策时会考虑这一机会成本，只有在投资收益超过当前投资成本（执行价格）与"等待"价值（实物期权价值）之和时，才会选择在当前投资。由期权定价理论可知，"等待"价值与投资项目未来现金流的不确定性正相关，而不断变化的外部经济环境能够通过影响企业投资预期现金流不确定性的方式对企业当前投资产生影响（Dixit and Pindyck，1994）。外部经济环境的不确定性越高，企业投资未来现金流的不确定性也随之提高，企业当前投资的机会成本（"等待"的价值）也就越高，这会对企业当前投资产生抑制作用。在众多影响企业投资的外部经济环境因素中，政府的经济政策无疑是最为重要的因素之一，企业经常面临因政府改变现行经济政策引发的经济政策不确定性，这主要是因为企业无法确切预知政府是否、何时以及如何改变经济政策。经济政策不确定性同样会增加企业的"等待"价值，从而对企业当前投资产生抑制作用（Dixit and Pindyck，1994；Gulen and Ion，2015）。需要强调的是，Bernanke（1983）曾提出了不确定性抑制企业投资所遵循的"坏消息"规则（bad news principle），即只有在企业预期未来可能出现对企业经营不利的坏消息时，不确定性才会对企业投资产生抑制作用。然而，企业对经济政策不确定性的预期可能是双向的：既有可能预期出现对企业经营不利的坏消息，也有可能预期出现对企业经营有利的好消息。Julio 和 Yook（2012）对 Bernanke（1983）"坏消息"规则进行了扩展，认为即使企业预期经济政策在未来可能发生有利变动（好消息），他们也需要时间对现有的投资机会进行重新评估和排序，这也会增加企业"等待"的价值，并对企业当前投资产生抑制作用。基于此，提出如下待检验假设：

假设 H_{7-1}：经济政策不确定性的提高会对企业当前投资产生抑制作用。

2008 年全球金融危机的爆发首先引发了全球金融市场的剧烈动荡，随后又扩散到实体经济，令全球经济陷入衰退。Pástor 和 Veronesi（2013）通过理论建模认为，投资者预期政府在经济衰退期改变经济政策的可能性要高于经济扩张期，因此在经济衰退期时，经济政策不确定性对股票风险溢价的影响程度要强于其他影响因素。本章认为，经济政策不确定性对企业投资影响在不同经济时期的差异也可以用 Pástor 和 Veronesi（2013）的理论逻辑加以解释。在经济扩张时期，企业预期政府经济政策会保持相对稳定，此时经济政策不确定性并不是企业投资决策的主要决定因素，因此其对企业投资的影响并不明显。在经济衰退期时期，政府改变现行经济政策只需承担较低的政治成本并且新政策改善企业盈利的确定程度也有所增加，因此企业预期政府更有可能改变现行经济政策。经济政策不确定性的存在使得企业经营者无法确切预知政府何时以及如何改变现行经济政策，因此他们会更加关注经济政策方面的相关信息（Pástor and Veronesi，2013），并提高经济政策不确定性在企业投资决策因素中所占的比重，这会强化经济政策不确定性对企业投资的影响。基于此，提出如下待检验假设：

假设 H_{7-2}：经济政策不确定性对企业当前投资的抑制作用在 2008 年金融危机之后表现得更加明显。

7.2.2　变量构建

1. 被解释变量——企业投资（Invt）

借鉴李培功和肖珉（2012），使用经过总资产调整的上市公司资本性支出衡量企业投资规模，具体计算公式为 $\text{Invt}_{i,t} = \dfrac{\text{CAPX}_{i,t}}{\text{TA}_{i,t-1}}$。其中，$\text{CAPX}_{i,t}$ 为公司 i 在 t 期的资本性支出，用"构建固定资产、无形资产和其他长期资产所支付的现金-处置固定资产、无形资产和其他长期资产而收回的现金"来衡量；$\text{TA}_{i,t-1}$ 表示公司 i 在 $t-1$ 期的总资产。

2. 解释变量——中国经济政策不确定指数（PU）

有别于国内已有研究，本章使用斯坦福大学和芝加哥大学联合发布的月度中国经济政策不确定指数作为我国经济政策不确定性的衡量指标。该指数以香港最大的英文报纸《南华早报》为文本分析对象，使用文本分析软件识别每个月刊发的有关中国经济政策不确定性的文章，并将识别的文章数量除以当月《南华早报》刊发的总文章数量，最终得到月度中国经济政策不确定指数，具体的构建方法如下：

第一步，识别出《南华早报》上刊登的至少包含每个主题词集中一个单词的所有文章。其中，文章识别所使用的主题词集为{China，Chinese}、{economy，economic}和{uncertain，uncertainty}。

第二步，在已识别的文章中继续筛选出有关政策方面的文章。为了实现这一目的，采用如下方法进行文本过滤：文章应同时包含词集{policy，spending，budget，political，interest rates，reform}和{government，Beijing，authorities}中至少一个单词，或者包含 tax、regulation、regulatory、central bank、People's Bank of China、PBOC、deficit、WTO 中至少一个单词。

第三步，采用第一步和第二步方法对 1995 年以来《南华早报》刊登的所有文章进行识别和筛选，并对每个月刊登的符合上述要求的文章进行计数。

第四步，用每个月《南华早报》刊发的符合要求的文章数量除以当月刊发的文章总数量，并对得到的比值进行标准化处理，最终得到均值为 100 的月度中国经济政策不确定指数。

经济政策不确定系列指数由斯坦福大学著名经济学家 Scott R. Baker 教授和 Nicholas Bloom 教授以及芝加哥大学布斯商学院的 Steven Davis 教授共同设计并每月对外发布，涉及的国家和地区包括美国、欧洲、中国、加拿大和印度。该系列指数一经推出就受到理论界和实务界的广泛关注，并被国际主流财经媒体和金融机构（包括华尔街日报、纽约时报、华盛顿邮报、BBC、CNN、Bloomberg 以及高盛、花旗等）广泛使用[①]。该系列指数还多次在美国国会咨询中被包括美联储前主席伯南克在内的政府官员所引用。此外，基于该系列指数撰写的学术文章已经在包括 *Journal of Finance*、*Journal of Financial Economics*、*Economics Letters*、*Journal of International Financial Markets*、*Institutions and Money* 在内的高水平国际学术期刊上发表。

由于本章使用的是季度数据，因此我们将每个季度最后一个月份公布的中国经济不确定指数作为当季中国经济政策不确定性的衡量指标。

3. 控制变量

（1）托宾 Q（TQ）。托宾 Q 是实证研究最常使用的企业投资机会衡量指标。托宾 Q 理论认为，企业会在单位资本的影子价格（边际 Q）超过 1 时进行投资。借鉴苏启林和朱文（2003），使用如下公式计算托宾 Q：

$$TQ = \frac{公司流通市值 + 公司非流通市值 + 负债账面价值}{资产账面价值}$$

其中，公司流通市值可以由公司股票价格乘以流通股股数直接获得，而公司非流通市值的计算则相对复杂。借鉴汪辉（2003），我们使用每股净资产衡量非流通股价格，并用其乘以非流通股股数，最终得到公司的非流通市值。公司负债的账面价值和资产账面价值则分别用公司总负债和总资产来表示。

（2）经营现金流（CF）。实证研究发现经营现金流也会对企业投资决策产生影响。一方面，投资对现金流的敏感程度体现了企业受到的融资约束，融资约束越强的公司的投资对其自身现金流的敏感程度越高（Fazzari et al.，1988）；另一方面，现金流可能包含托宾 Q 无法反映的投资机会（Alti，2003）。为此，借鉴 Gulen 和 Ion（2015），使用如下公式计算企业经营现金流：

$CF_{i,t} = \frac{OPCF_{i,t}}{TA_{i,t-1}}$。其中，$OPCF_{i,t}$ 为公司 i 在 t 期的经营现金流；$TA_{i,t-1}$ 表示公司 i

---

[①] 有关该系列指数的详细使用情况请查阅网站：http://www.policyuncertainty.com/research.html。

在 $t-1$ 期的总资产。

（3）销售增长率（SG）。除了托宾 Q 和经营现金流，实证研究还发现销售增长率也会对企业投资产生影响（Fazzari et al., 1988）。Abel 和 Blanchard（1986）构建的加速数模型认为，企业当期的投资计划由其对未来销售额的预期所决定，而这种预期会受当期或前期销售额的影响。由于传统的加速数模型认为销售额的变动值而非水平值是企业投资的重要决定因素，因此我们使用销售额的年度同比增长率衡量企业对未来销售增长率的预期。

（4）宏观经济因素（GDP）。除了企业层面的投资机会外，宏观经济因素也会对企业投资决策产生影响。Gulen 和 Ion（2015）认为，宏观经济因素能够影响企业决策层对未来经济环境的预期，从而影响其投资决策。因此，引入宏观经济因素作为控制变量有助于在宏观层面上弥补托宾 Q、现金流与销售增长率指标在衡量企业投资机会时的局限性。故选择使用 GDP 同比增长率控制宏观经济因素对企业投资的影响。

（5）季节性因素（QRT）。考虑到企业投资可能具有季节性特征，故使用季节虚拟变量控制季节性因素对企业投资的影响。在构建季节虚拟变量时，将每年第 4 季度作为基期。

4. 调节变量

（1）投资的不可逆性（IRR）。借鉴 Gulen 和 Ion（2015），使用固定资产在总资产中的比重（PPE）衡量企业投资的不可逆程度，该指标越大说明企业投资的不可逆程度越高。为了增加检验结果的稳健性，还借鉴 Kessides（1990）、Farinas 和 Ruano（2005），使用行业折旧率（折旧费/期初固定资产）指数衡量企业投资的不可逆程度。选用这一指标的依据是，固定资产折旧越快，企业投资的沉没成本就越低，投资的不可逆程度就越低。行业折旧率指数的具体计算方法为，首先，分别计算每个季度每家企业的折旧率；其次，计算每个季度企业折旧率的行业平均值；最后，采用如下方法构建行业折旧率指数，如果企业所属行业的行业折旧率低于所有行业的横截面中位数，那么行业折旧率指数值取 0，否则取 1。

（2）融资约束（CONS）。如何测量企业面临的融资约束一直是困扰学术界的难题，现有的任何一个单一指标都难以准确衡量企业面临的融资约束。为此，借鉴应千伟和罗党论（2012），分别使用企业规模（SIZE）、债务比例（LRA）和现金股利支付率（DIVID）3 个单一指标衡量企业面临的融资约束。

（3）企业成立年限（OLD）。使用报告期所在年份与企业成立年份的差值衡量企业成立年限。

（4）股权性质（SHP）。根据控股股东的所有权性质对上市公司的股权性质进行判断，具体判断标准是，将控股股东为国家机构、国有独资、国有控股的上市公司划分为国有企业，其他的上市公司划分为非国有企业。依据上述标准，如果上市公司属于国有企业，则股权性质指标取 1，否则取 0。

（5）机构持股比例（INTOWN）。使用机构投资者持有的流通 A 股比例衡量上市公司的机构持股情况。机构持股比例越高，机构投资者对企业管理层的约束能力越强。

（6）股权集中度（CONTR）。借鉴国内已有研究，使用上市公司前十大股东持股比例平方和衡量上市公司的股权集中度。企业股权集中度越高，说明大股东在企业投资决策过程中拥有的决定权就越大，对企业管理层的约束能力也就越强。

7.2.3 回归模型

本节采用如下面板模型进行回归分析：

$$\text{Invt}_{i,t} = \beta_0 + \beta_1 \text{PU}_{t-l} + \beta_2 \text{TQ}_{i,t-1} + \beta_3 \text{CF}_{i,t-1} + \beta_4 \text{SG}_{i,t} + \delta M_{t-l} + \text{QRT}_t + v_i + \varepsilon_{i,t} \quad (7\text{-}1)$$

其中，PU_{t-l} 为滞后 l 期的经济政策不确定指数，M_{t-l} 为滞后 l 期的宏观经济指标。取 $l \in \{1,2,3,4\}$，并分别进行回归。之所以没有使用解释变量的当期值，主要是为了避免回归模型可能出现内生性问题。$\text{TQ}_{i,t-1}$、$\text{CF}_{i,t-1}$ 和 $\text{SG}_{i,t}$ 分别表示公司 i 在 t 期的托宾 Q、经营现金流和销售增长率，用其控制企业层面的投资机会。其中，托宾 Q 和经营现金流指标使用的是滞后 1 期值，其目的也是避免出现内生性问题。由于 $\text{SG}_{i,t}$ 属于变动值，因此在回归模型中使用的是当期值。v_i 表示的是公司不随时间变化的非观测效应，$\varepsilon_{i,t}$ 为回归残差。为了避免与经济政策不确定指数彼此抵消，在回归模型中并没有使用时间虚拟变量。考虑到样本数据可能具有的集聚性特征，对回归系数标准差在公司层面进行 cluster 调整①。最后，为了便于解释，对除虚拟变量之外的所有变量进行了标准化处理。标准化处理后，回归系数表示的是解释变量或控制变量 1 单位标准差变动所引起的被解释变量标准差的变动。此外，还对除虚拟变量外的所有变量在第 1 个百分位数和第 99 个百分位数处进行 winsorize 处理，以此降低变量极端值对回归结果的影响。

---

① 笔者还对回归系数标准差在时间（财报季度）层面进行了 cluster 调整，结果并不存在明显差别。

7.3 样本数据和描述性统计

7.3.1 样本数据

本章使用的上市公司季度财务数据以及股票交易数据全部来自锐思（RESSET）金融研究数据库，宏观经济数据则全部来自中经网统计数据库。由于锐思金融研究数据库从2002年开始披露季度财务数据，因此本章选择的样本区间为2002年第1季度至2013年第1季度。借鉴已有研究，在样本中剔除金融、保险类上市公司和非正常上市公司。本章使用的中国经济政策不确定指数来自 http://www.policyuncertainty.com/china_monthly.html 网站，该网站定期对外公布不同国家和地区的月度经济政策不确定指数。

由于数据样本期横跨45个季度，因此在回归分析之前对各变量的平稳性进行单位根检验。单位根检验结果显示，所有企业层面的变量在样本期内都是平稳的。其余变量中，中国经济政策不确定指数是平稳的，而GDP同比增长率指标则是1阶单整的，为此我们在回归分析时使用的是GDP同比增长率的1阶差分项。

7.3.2 描述性统计

表7-1给出了主要变量的描述性统计。其中，观测数最多的是企业成立年限（OLD）指标，观测数达到74 381个，而观测数最少的是现金股利支付率指标（DIVID），其观测数也达到42 202个。图7-1给出了本章采用的中国经济政策不确定指数在样本期内的走势图，如图所示，我国经济政策不确定性在2008年后大幅攀升，这主要是"奥运经济"的终结以及金融危机不断蔓延引起的。此外，我国经济政策不确定性在2011年前后也呈现大幅攀升趋势，这一时期中央政府一揽子投资计划的负面效应开始显现，物价开始出现大幅上涨态势，未来经济政策不确定性明显增强。总体而言，我国经济政策不确定性在2008年金融危机之后出现明显的上升，这一结果与Pástor和Veronesi（2013）的预测结果相吻合，即经济政策不确定性在经济衰退期会明显提高。

表 7-1 主要变量的描述性统计

变量		均值	标准差	最小值	最大值	观测数
Invt	总体	0.017 8	0.023 2	−0.007 2	0.125 0	60 170
	组间		0.014 2	0.000 0	0.103 9	
	组内		0.019 6	−0.060 1	0.139 3	
TQ	总体	1.521 7	0.880 3	0.531 7	5.773 6	63 961
	组间		0.618 3	0.531 7	5.773 6	
	组内		0.667 2	−2.046 3	5.856 9	
CF	总体	0.012 1	0.049 0	−0.141 6	0.181 8	42 255
	组间		0.018 2	−0.107 9	0.100 3	
	组内		0.046 5	−0.174 1	0.222 6	
SG	总体	0.518 7	1.813 1	−0.985 6	14.153 3	42 846
	组间		0.547 7	−0.968 7	3.647 0	
	组内		1.725 7	−4.113 9	14.443 0	
PPE	总体	0.256 8	0.176 4	0.001 7	0.757 0	74 375
	组间		0.145 1	0.002 1	0.751 1	
	组内		0.093 1	−0.416 9	0.826 6	
SIZE	总体	21.360 4	1.229 9	18.658 8	25.128 7	74 375
	组间		1.079 1	18.875 1	25.128 7	
	组内		0.615 1	17.777 9	26.019 3	
LRA	总体	1.207 2	1.286 3	−1.641 0	7.843 0	74 369
	组间		0.855 5	−0.489 7	6.412 5	
	组内		0.925 9	−5.543 1	8.967 4	
DIVID	总体	0.285 4	0.285 4	0	1.593 0	42 202
	组间		0.225 3	0	1.593 0	
	组内		0.213 0	−0.658 1	1.767 9	
OLD	总体	11.690 1	5.135 8	2	27	74 381
	组间		4.308 1	2	27	
	组内		2.973 6	4.138 4	19.475 8	
CONTR	总体	0.585 0	0.154 8	0.217 4	0.914 0	45 673
	组间		0.136 1	0.217 4	0.914 0	
	组内		0.079 6	0.133 4	1.063 4	
INTOWN	总体	0.126 2	0.164 9	0	0.737 6	54 318
	组间		0.094 0	0	0.603 3	
	组内		0.100 4	−0.368 2	0.832 9	

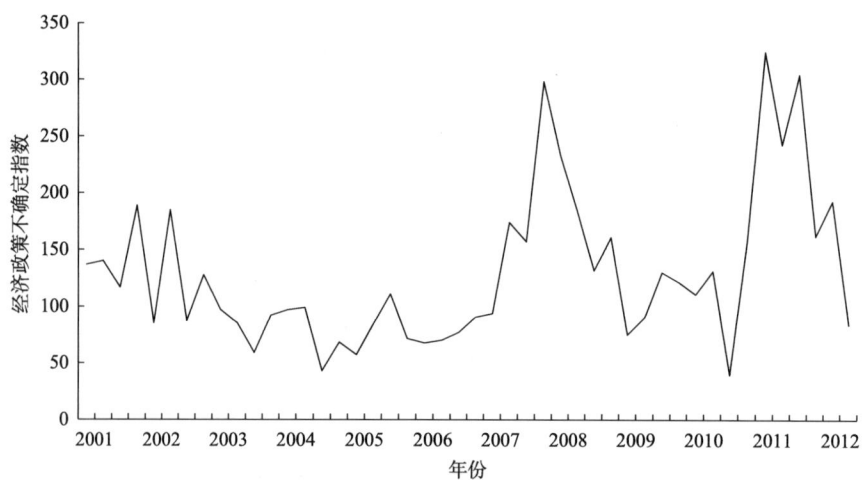

图 7-1 中国经济政策不确定指数走势图
横轴刻度表示 2001 年第 1 季度到 2012 年第 2 季度
资料来源：http://www.policyuncertainty.com/china_monthly.html

7.4 实证分析结果

7.4.1 经济政策不确定性对企业投资的影响

在进行面板分析之前，首先对回归模型进行 Hausman 检验。当采用滞后 1 期中国经济政策不确定指数作为解释变量时，Hausman 检验的统计量为 310.52，拒绝了随机效应的原假设。当采用其他滞后期时，同样拒绝了随机效应的原假设，因此使用固定效应面板模型进行回归分析。表 7-2 的回归结果显示，滞后 1~4 期的中国经济政策不确定指数的回归系数都显著为负，且显著性水平都超过 5%，说明经济政策不确定性的提高会对我国企业的投资产生抑制作用，这一结果支持了假设 H_{7-1}。[①]

表 7-2 经济政策不确定性对企业投资影响的回归结果

变量	不同滞后期选择下的回归分析结果			
	（1）	（2）	（3）	（4）
C	0.211 3*** (19.36)	0.198 2*** (18.06)	0.208 8*** (19.23)	0.207 9*** (19.16)

---

① 本章采用滞后期经济政策不确定指数作为解释变量的目的是避免回归模型出现内生性问题。实际上，采用当期经济政策不确定指数作为解释变量时得到的回归结果并不与采用该指标滞后项时存在明显差别。

续表

变量	不同滞后期选择下的回归分析结果			
	（1）	（2）	（3）	（4）
PU$_{t-1}$	-0.034 8*** (-5.14)	-0.034 5*** (-5.10)	-0.018 0*** (-2.76)	-0.018 1** (-2.34)
TQ$_{i,t-1}$	0.019 7* (1.79)	0.019 8* (1.82)	0.021 2* (1.94)	0.021 1* (1.93)
CF$_{i,t}$	-0.004 7 (-0.77)	-0.003 9 (-0.63)	-0.004 3 (-0.71)	-0.004 3 (-0.71)
SG$_{i,t}$	0.067 5*** (4.82)	0.067 5*** (4.82)	0.068 6*** (4.92)	0.068 8*** (4.94)
D_GDP$_{t-1}$	-0.014 4 (-1.53)	-0.018 7* (-1.95)	0.007 3 (0.68)	0.021 5** (2.40)
调整后的 R^2	0.027 1	0.026 9	0.025 7	0.026 0
观测数	23 767	23 762	23 749	23 711

***、**和*分别表示在1%、5%和10%的水平下显著

注：括号内为 t 统计量，回归结果（1）、（2）、（3）、（4）分别表示滞后期 l 取1、2、3、4时的回归分析结果。为了节省版面，没有给出季度虚拟变量的回归系数

7.4.2 经济政策不确定性对企业投资的影响分时段分析

以2008年金融危机爆发为界，将样本期划分为金融危机前（2001~2008年）和金融危机后（2009~2013年）两个阶段，并分别进行回归分析。表7-3的回归分析结果显示，经济政策不确定性对企业投资的抑制作用在金融危机之前并不显著，而在金融危机之后则显著为负。邹至庄检验（Chow test）结果显示，F 统计量的值达到280.80，说明经济政策不确定性对企业投资的影响确实在金融危机前后存在显著的差异。因此，表7-3的检验结果支持了假设 H$_{7-2}$ 的论断。

表7-3　金融危机前后经济政策不确定性对企业投资影响的回归结果

变量	2001~2008年		2009~2013年	
	（1）	（2）	（1）	（2）
C	0.140 5*** (8.98)	0.142 6*** (6.74)	0.240 5*** (18.30)	0.224 6*** (17.80)
PU$_{t-1}$	-0.022 7 (-1.51)	0.004 4 (0.20)	-0.032 6*** (-4.87)	-0.029 9** (-4.35)
TQ$_{i,t-1}$	0.033 5* (1.71)	0.030 8 (1.58)	0.028 6** (2.11)	0.029 2** (2.21)
CF$_{i,t}$	0.002 1 (0.23)	0.002 7 (0.29)	-0.009 7 (-1.44)	-0.008 9 (-1.32)
SG$_{i,t}$	0.025 7* (1.69)	0.026 3* (1.73)	0.087 2*** (4.96)	0.086 5*** (4.92)

续表

变量	2001~2008年		2009~2013年	
	(1)	(2)	(1)	(2)
D_GDP_{t-1}	0.006 0 (0.32)	0.001 8 (0.11)	−0.036 1*** (−3.37)	−0.030 9*** (−2.68)
调整后的 R^2	0.020 7	0.020 1	0.030 1	0.029 6
观测数	9 634	9 632	16 351	16 338

***、**和*分别表示在1%、5%和10%的水平下显著

注：括号内为 t 统计量，回归结果（1）、（2）分别表示滞后期 l 取1、2时的回归分析结果。为了节省版面，没有给出滞后期为3、4的回归分析结果以及季度虚拟变量的回归系数

7.5 稳健性分析①

1. 不同指标构建方法的稳健性分析

（1）不同的企业投资衡量指标。除了前文选取的企业投资衡量指标外，还分别使用"（期末固定资产净值-期初固定资产净值）/期初固定资产净值"（徐明东和陈学彬，2012）、"（构建固定资产、无形资产和其他长期资产所支付的现金+购买和处置子公司及其他营业单位所支付的现金+权益性投资所支付的现金+债权性投资所支付的现金-处置固定资产、无形资产和其他长期资产而收回的现金净值）/期初总资产"（贾倩等，2013）、"（期末固定资产净值-期初固定资产净值+本期折旧）/期初总资产"（陈艳艳和罗党论，2012）、"构建固定资产、无形资产和其他长期资产支付的现金/期初总资产"（靳庆鲁等，2012）作为企业投资衡量指标，并分别进行回归分析。结果显示，采用不同企业投资指标得到的回归结果并不存在明显区别。

（2）不同的季度经济政策不确定性指标计算方法。前文使用季度末公布的经济政策不确定指数衡量当前季度的经济政策不确定性水平，另一种可行的衡量方法是使用当季月度经济政策不确定指数的加权平均值。为此，借鉴 Gulen 和 Ion（2015），采用加权平均方法计算季度经济政策不确定性，具体计算公式如下：

$$PU_t = \frac{3PUI_m + 2PUI_{m-1} + PUI_{m-2}}{6}$$

---

① 受到版面限制，本章没有给出稳健性分析具体的回归分析结果。

其中，PUI_m 表示月份 m 的中国经济不确定指数，其权重反映了经济政策不确定性对企业投资的影响会随季末临近而逐渐增强。单位根检验结果显示，采用上述方法得到的加权平均经济政策不确定指数是1阶单整的，因此将其一阶差分项作为解释变量。回归结果显示，采用加权平均方法计算的季度经济政策不确定指数和采用季末经济政策不确定指数得到的回归结果并不存在明显的差异。

2. 关于内生性问题的讨论

对于本章而言，回归模型右侧大都使用滞后期变量，这在很大程度上能够降低因反向因果关系而产生的内生性问题。加之本章使用的经济政策不确定指数属于宏观层面的指标，因变量中单个企业的投资规模对经济政策不确定性的反向影响可以近似忽略不计。Gulen 和 Ion（2015）认为，有关不确定性与企业投资之间关系的实证研究主要面临的是企业未来投资机会变量缺失可能引发的内生性问题。在本章使用的投资机会衡量指标中，托宾 Q、企业经营现金流和销售增长率已经能够较为准确地反映企业层面的投资机会。因此，本章主要探讨宏观层面投资机会变量缺失对回归结果的影响，分别使用消费者信心指数、企业景气指数、企业家信心指数、宏观经济先行指数及宏观经济景气指数替代前文使用的 GDP 增长率作为宏观经济层面因素的控制变量，并分别进行回归。之所以选择分别回归，主要是考虑到这些宏观变量具有较高的相关性。回归结果显示，采用不同宏观经济指标后得到的回归结果与前文结果并不存在明显差异。

此外，还采用动态面板方法进行回归分析，这是因为在回归模型右侧引入滞后期因变量能够在一定程度上缓解因缺失变量引起的模型内生性问题。为了处理回归模型右侧出现滞后期因变量而引起的模型内生性问题，借鉴 Arellano 和 Bond（1991），采用广义矩估计方法对动态面板模型进行估计。根据因变量的自相关结构，最终选择在模型右端引入滞后 1 期的因变量。回归结果显示，动态面板回归结果与前文回归结果并不存在明显的差别。

3. 与其他不确定性指标关系的稳健性分析

企业在经营过程中面临多方面的不确定性，除了经济政策不确定性外，其他层面（如宏观经济、企业自身经营）的不确定性也可能会对企业投资产生影响，为了说明本章研究的经济政策不确定性与其他层面的不确定性不存在相互重叠，我们在回归模型中引入其他不确定性指标作为控制变量。借鉴国内已有研究，分别采用工业增加值增长率[①]的条件方差（邱兆祥和刘远亮，2010）和公司经营业绩波动率（申慧慧等，2012）衡量企业面临的不确定性，并分别将其作为控制变量代入回归模型。借鉴 Ghosh 和 Olsen（2009），使用上市公司过去 2 年（8 个季度）的季度销售收入标准差衡量经营业绩波动率，具体计算公式如下：

$$CV(Z_{i,k}) = \frac{\sqrt{\sum_{k=1}^{8}\frac{(Z_{i,k}-\bar{Z})}{8}}}{\bar{Z}_i}$$

其中，$Z_{i,k}$ 为公司 i 在第 k 期的营业收入，$\bar{Z}_i$ 为公司 i 前 8 个季度营业收入的平均值。为了消除行业因素的影响，用上述指标的行业平均值对其进行调整。回归结果显示，在分别引入工业增加值增长率条件方差和公司经营业绩波动率指标后，经济政策不确定指数的回归系数依然显著为负，说明本章研究的经济政策不确定性并不与企业面临的其他不确定性存在重叠。

7.6 进一步扩展

前文发现经济政策不确定性的提高会抑制企业投资，但尚未分析哪些因素能够影响经济政策不确定性对企业投资的抑制程度。文献综述中提到的有关经济政策不确定性对企业投资抑制作用的理论成果为分析经济政策不确定性对企业投资抑制作用的影响因素提供了理论依据。为此，本节将在相关理论研究基础上，分别从企业投资不可逆程度、融资约束、学习能力、所有权性质、机构持股和股权集中度角度分析哪些因素能够影响我国经济政策不确定性对企业投资的抑制程度。

前文发现，经济政策不确定性的提高会对企业投资产生抑制作用，支持了实物期权理论的基本预测。Dixit 和 Pindyck（1994）认为，实物期权理论与传统的净现值理论最大的区别在于考虑了企业投资的不可逆性和企业的择时投资能力。对于绝大多数企业而言，总有一部分投资成本是不可逆的（即存在沉没成本），企业无法在变更投资决策时收回这部分投资成本，因此不可逆性构成了企业投资的一个重要特征。实物期权理论将企业的初始投资成本看作企业持有的延迟投资

[①] 除了工业增加值增长率指标外，笔者还分别采用宏观经济先行指数、居民消费价格指数以及 M2 发行增速等指标的条件方差衡量了企业面临的不确定性，得到的回归结果并不与采用工业增加值增长率的条件方差时存在明显差异。

选择权的执行价格，企业当前进行的不可逆投资（行权）相当于放弃了持有的延迟投资选择权。对于企业而言，延迟投资选择权的价值就是企业继续等待的价值。投资不可逆程度越高，企业继续等待的价值就越大，当前投资承担的机会成本也就越高。实物期权理论预测投资不可逆程度能够调节不确定性对企业投资的抑制作用，不确定性对企业投资的抑制作用会随企业投资不可逆程度的上升而逐渐增强（Bernanke，1983；Pindyck，1991）。为此，提出如下待检验假说：

假设 H_{7-3}：经济政策不确定性对企业投资的抑制作用随着企业投资不可逆程度的提高而逐渐增强。

为了验证假设 H_{7-3}，分别使用前文构建的 PPE 指标和行业折旧率指数作为企业投资不可逆程度的衡量指标，并分别在回归模型（7-1）中引入投资不可逆指标（IRR）以及该指标与经济政策不确定指数的交乘项。如果假设 H_{7-3} 成立，那么 PPE 与经济政策不确定指数交乘项的回归系数应该显著为负，而行业折旧率指数与经济不确定指数交乘项的回归系数则应该显著为正。表 7-4 的回归结果显示，PPE 与经济政策不确定指数交乘项的回归系数在 1% 的水平下显著为负，而行业折旧率指数与经济政策不确定指数交乘项的回归系数在 5% 的水平下显著为正，从而支持了假设 H_{7-3}。

表 7-4 考虑企业投资不可逆性的回归分析结果

变量	PPE		行业折旧率指数	
	（1）	（2）	（1）	（2）
C	0.205 9*** (18.96)	0.193 6*** (17.63)	0.211 6*** (19.34)	0.197 6*** (17.98)
PU_{t-1}	−0.048 6*** (−7.08)	−0.046 0*** (−6.72)	−0.034 2*** (−5.05)	−0.037 2*** (−5.39)
$TQ_{i,t-1}$	0.009 9 (0.91)	0.014 4 (1.34)	0.020 1* (1.83)	0.020 7* (1.90)
$CF_{i,t}$	0.001 0 (−0.16)	−0.000 4 (−0.06)	−0.004 7 (−0.77)	−0.003 7 (−0.61)
$SG_{i,t}$	0.064 8*** (4.72)	0.065 2*** (4.70)	0.067 4*** (4.80)	0.067 5*** (4.81)
D_GDP_{t-1}	−0.007 5 (−0.82)	−0.013 9 (−1.47)	−0.012 0 (−1.26)	−0.020 3** (−2.10)
$IRR_{i,t-1}$	−0.295 8*** (−9.52)	−0.251 1*** (−8.46)	−0.005 6 (−0.82)	−0.004 0 (−0.59)
$PU_{t-1} \times IRR_{i,t-1}$	−0.020 3*** (−2.84)	−0.027 1*** (−3.72)	0.011 0** (2.14)	0.012 7** (2.20)
调整后的 R^2	0.051 7	0.045 0	0.027 3	0.027 1
观测数	23 767	23 762	23 767	23 762

***、**和*分别表示在 1%、5% 和 10% 的水平下显著

注：括号内为 t 统计量，回归结果（1）、（2）分别表示滞后期期 l 取 1、2 时的回归分析结果。为了节省版面，没有给出滞后期为 3、4 的回归分析结果以及季度虚拟变量的回归系数

公司财务理论认为，资金借贷双方之间存在的代理关系、信息不对称及不完全契约，会使企业外部融资成本高于内部融资成本。因此，对于那些无法完全依靠内部资金进行投资的企业而言，外部融资成本的上升将降低企业投资水平，尤其是那些受到融资约束较高的公司，这是因为未来不确定性的上升往往意味着较高的破产概率，这会提高企业的外部融资成本（Gulen and Ion，2015）。与其他企业相比，面临融资约束较强的公司在不确定性上升时获得外部融资的难度更大，从而其当前投资规模缩减的幅度也就越大。基于此，提出如下待检验假设：

假设 H_{7-4}：经济政策不确定性对企业投资的抑制作用随企业面临融资约束的提高而逐渐增强。

借鉴国内已有研究，分别采用现金股利支付率（DIVID）、企业规模（SIZE）和债务比例（LRA）三个指标衡量企业面临的融资约束，并分别将这些指标以及这些指标与经济不确定指数的交乘项引入回归模型（7-1）。回归结果显示，上述指标与经济政策不确定指数的交乘项都不显著，说明融资约束并不会影响经济政策不确定性对企业投资的抑制作用[①]。本章认为之所以会得到这一结果，主要是因为我国现行的企业上市制度使得上市公司仍然属于一种稀缺资源。银行等金融机构在进行贷款业务时仍然将上市公司作为优质客户对待，因此上市公司之间的融资约束差异并不足以对企业在面临经济政策不确定环境下的投资决策产生明显的影响，从而致使回归模型中经济政策不确定性与融资约束交乘项的回归系数不显著。

Moyen 和 Platikanov（2013）考虑了企业学习能力的提升对不确定性与企业投资关系的影响，认为企业会随着时间的推移逐渐了解其自身的经营环境和企业质量，其投资决策受随机冲击的影响也会随之减少。一般认为，企业的学习能力会随企业存续时间的延长而逐渐增强。与较早成立的企业相比，成立时间较晚的企业学习能力较差，因此其投资决策受经济政策不确定性的影响应该更加明显。基于此，提出如下待检验假设：

假设 H_{7-5}：经济政策不确定性对企业投资的抑制作用随企业成立年限的延长而逐渐减弱。

表 7-5 的回归结果显示，不论如何设定经济政策不确定指数的滞后期，该指标与企业成立年限交乘项的系数都显著为正，说明企业成立时间越晚，经济政策不确定性对其投资的抑制作用越明显。需要强调的是，企业的成立年限可能反映了企业面临的融资约束，因此需要对融资约束因素加以控制。为此，我们在表 7-5 回归模型的基础上分别引入前文提到的三个融资约束变量，并重新进行回

---

① 受到版面限制，没有给出具体的回归分析结果。

归。回归结果显示,引入融资约束变量后,企业成立年限与经济政策不确定指数交乘项的回归系数仍然显著为正,这说明成立年限对经济政策不确定性与企业投资关系的影响并不由企业面临的融资约束所决定[①]。

表 7-5 考虑企业学习能力的回归分析结果

变量	不同滞后期选择下的回归分析结果	
	（1）	（2）
C	0.223 8*** （19.44）	0.216 4*** （18.07）
PU_{t-1}	−0.019 6*** （−2.60）	−0.018 8*** （−2.62）
$TQ_{i,\,t-1}$	0.046 5*** （3.86）	0.046 4*** （3.92）
$CF_{i,\,t}$	0.005 8 （−0.96）	−0.005 3* （−0.88）
$SG_{i,\,t}$	0.067 7*** （4.78）	0.067 9*** （4.79）
D_GDP_{t-1}	−0.018 0* （−1.93）	−0.020 5** （−2.12）
$OLD_{i,\,t}$	−0.131 4*** （−4.39）	−0.130 9*** （−4.41）
$PU_{t-1} \times OLD_{i,\,t}$	0.020 8*** （3.19）	0.020 8*** （3.37）
调整后的 R^2	0.030 2	0.031 0
观测数	23 711	23 762

***、**和*分别表示在1%、5%和10%的水平下显著

注：括号内为 t 统计量，回归结果（1）、（2）分别表示滞后期 l 取1、2时的回归分析结果。为了节省版面，没有给出季度虚拟变量的回归系数

除了上述因素之外,我们认为企业股权性质也会对经济政策不确定性与企业投资之间的关系产生影响,主要基于以下考虑:第一,国有上市公司经营者的激励机制有别于非国有上市公司经营者。国有上市公司经营者的激励机制更加接近政府官员,具有"准官员"特征(杨瑞龙等,2013)。"准官员"晋升激励使得国有上市公司经营者的投资决策类似于政府官员,为了个人政绩,一味追求规模、产值最大化,从而表现出较强的投资冲动。第二,国有企业由政府控股且往往"一股独大",国有股的所有者缺位使得国有企业经营者较少受到来自控股股东的监督和约束,导致国有企业经营者偏好风险,热衷于追加投资,从事"帝国建造"等次优活动(梅丹,2009)。第三,与非国有企业相比,国有企业往往承

[①] 受到版面限制,没有给出具体的回归分析结果。

担更多的社会责任，如促增长、保就业等，而保证投资规模是国有企业履行上述社会责任的重要手段。因此，国有企业在面临不确定性时仍会选择追加投资，以履行其承担的社会责任。第四，国有企业的政府控股背景使得政府在制定经济政策时会对国有企业有一定的政策倾斜，导致国有企业受政策因素的影响小于非国有企业。基于此，提出如下待检验假设：

假设 H_{7-6}：经济政策不确定性对企业投资的抑制作用在非国有企业中表现得更加明显。

表 7-6 的回归结果显示，股权性质虚拟变量与经济政策不确定指数交乘项的回归系数显著为正，说明经济政策不确定性对国有企业投资的抑制作用小于非国有企业。与前文类似，采用在表 7-6 回归模型中控制融资约束变量的方法，排除股权性质中可能包含的融资约束的影响。回归结果显示，在控制企业面临的融资约束后，股权性质与经济政策不确定指数交乘项的系数仍然显著为正，说明股权性质对经济不确定性与企业投资关系的影响并不由企业面临的融资约束所决定[①]。

表 7-6 考虑企业股权性质和机构持股比例的回归分析结果

变量	股权性质		变量	机构持股比例	
	（1）	（2）		（1）	（2）
C	0.206 6*** （5.97）	0.191 9*** （5.56）	C	0.222 3*** （19.43）	0.211 6*** （18.46）
PU_{t-1}	-0.049 6*** （-6.13）	-0.045 4*** （-5.40）	PU_{t-1}	-0.038 9*** （-5.65）	-0.036 0*** （-5.25）
$TQ_{i, t-1}$	0.019 0* （1.73）	0.019 4* （1.78）	$TQ_{i, t-1}$	0.018 0 （1.61）	0.017 8 （1.60）
$CF_{i, t}$	-0.004 3 （-0.72）	-0.003 5 （-0.58）	$CF_{i, t}$	-0.006 2 （-1.01）	-0.005 4 （-0.89）
$SG_{i, t}$	0.067 5*** （4.82）	0.067 6*** （4.83）	$SG_{i, t}$	0.073 3*** （4.84）	0.073 0*** （4.81）
D_GDP_{t-1}	-0.013 3 （-1.43）	-0.017 9* （-1.87）	D_GDP_{t-1}	-0.029 0 （-3.02）	-0.024 1*** （-2.38）
$SHP_{i, t}$	0.012 7 （0.17）	0.016 7 （0.23）	$INTOWN_{i, t-1}$	0.031 0*** （3.09）	0.028 8*** （2.87）
$PU_{t-1} \times SHP_{i, t}$	0.036 1*** （2.67）	0.027 1** （2.07）	$PU_{t-1} \times INTOWN_{i, t-1}$	-0.011 2* （-1.90）	-0.017 7*** （-3.00）
调整后的 R^2	0.027 6	0.027 1	调整后的 R^2	0.030 5	0.030 0
观测数	23 767	23 762	观测数	22 054	22 040

***、**和*分别表示在 1%、5%和 10%的水平下显著

注：括号内为 t 统计量，回归结果（1）、（2）分别表示滞后期 l 取 1、2 时的回归分析结果。为了节省版面，没有给出季度虚拟变量的回归系数

---

① 受到版面限制，没有给出具体的回归分析结果。

已有研究发现，我国上市公司一直以来存在较为严重的过度投资行为（刘星和曾宏，2002；刘朝晖，2002；油晓峰，2006）。朱武祥（2002）认为，我国上市公司实际上存在较大规模的投资失败。委托代理理论认为，信息不对称导致的目标非一致性与利益非兼容性，使管理层和股东存在严重的利益冲突（Jensen，1986；Stulz，1990；Mork et al.，1988）。信息不对称引发的道德风险会使管理层产生对自由现金流滥用的投资冲动，热衷于建造"企业帝国"，从而对股东利益造成损害（Stulz，1990；Hart and Moore，1995；Harris and Raviv，1996；徐晓东等，2010）。有效的公司治理结构有助于抑制和约束管理层的投资冲动，而机构投资者在公司治理结构中无疑扮演着重要角色。首先，机构投资者相对个人投资者更有能力通过监督获取回报；其次，持股比例较高的机构投资者也有足够的动力监督管理层，迫使其更加关注公司绩效并减少自利行为或机会主义行为，这能够在一定程度上约束管理层的投资冲动（Shleifer and Vishny，1986；McConnell and Servaes，1990）；此外，机构投资者还具有很强的信息处理优势，能够将从公司管理层获得的内部信息传递到资本市场，有效缓解信息不对称，从而强化上市公司的外部监督（Chidambaram and John，1998）；最后，即使机构投资者无法直接干预管理层的经营决策，他们也可以通过"用脚投票"的方式，在管理层做出有损公司长期利益的投资决策时卖出持有的上市公司股票，使股价大幅下跌以反映管理层的决策失误，这种卖出威胁会迫使管理层在进行投资决策时不得不关注公司的长期价值，从而有助于抑制管理层的过度投资行为（Edmans，2009）。基于此，我们认为机构投资者的存在能够约束管理层在面临经济政策不确定性时的投资冲动，从而强化经济政策不确定性对企业投资的抑制作用。

假设 H_{7-7}：经济政策不确定性对企业投资的抑制作用随着机构投资者持股比例的上升而逐渐增强。

本章采用引入机构持股比例以及该指标与经济政策不确定性指标交乘项的方法验证假设 H_{7-7}。表 7-6 最后两列的回归结果显示，机构持股比例指标与经济政策不确定性指标交乘项的回归系数显著为负，说明机构投资者持股能够强化经济政策不确定性对企业投资的抑制作用，从而支持了假设 H_{7-7} 的论断。

除了机构持股之外，合理的股权结构也能够抑制管理层在面临经济政策不确定性时的投资冲动。当股权结构较为分散时，管理层掌握企业的控制权，股东缺乏动力和能力对管理层进行监督，管理层与股东之间的利益冲突使得企业管理层在面临较高的不确定环境时仍然表现出较强的投资冲动，而适当的股权结构安排则有助于抑制管理层在不确定环境下的投资冲动。例如，已有研究发现管理层持股比例的上升会提高管理层的风险厌恶程度，能够抑制管理层在面临企业特质风险时的投资冲动（Panousi and Papanikolaou，2012）。与国外研究主要关注管理层持股不同,我国上市公司股权结构较为集中且"一股独大"。尽管股权结构集中会给企业带来一系列负面影响,但在我国股票市场投资者保护措施不够完善的现实环境下,股权集中度仍不失为抑制管理层投资冲动的一种较为有效的手段(徐晓东等,2010)。当股权集中度较高时,公司控制权和决策权掌握在少数大股东手中,他们更有动力和能力约束公司管理层在经济政策不确定时的投资冲动,这会进一步强化经济政策不确定性对企业投资的抑制作用。然而,对于国有控股企业而言,由于国有股权缺乏明确的利益代表,因此国家只能将国有股的监督权授予政府官员,由他们代表国家对国有企业管理层进行监督,这会产生多重代理问题(徐晓东等,2010)。多重代理问题会削弱国有控股股权对企业管理层的监督效果,从而降低股权集中度对经济政策不确定环境下管理层投资冲动的约束作用。因此,我们预计股权集中度对经济政策不确定环境下企业投资的调节作用在非国有企业中表现得更加明显。基于此,提出如下待检验假设:

假设 H_{7-8}:经济政策不确定性对企业投资的抑制作用随着股权集中度的提高而逐渐增强,并且股权集中度的这种调节作用在非国有企业中表现得更加明显。

与前文类似,采用引入股权集中度以及该指标与经济政策不确定性指标交乘项的方法验证假设 H_{7-8}。表 7-7 第 2 列的全样本回归结果显示,股权集中度指标与经济政策不确定指数交乘项的回归系数显著为负,说明股权集中度的提高能够强化经济政策不确定性对企业投资的抑制作用。表 7-7 第 3、4 列的子样本回归结果显示,股权集中度与经济政策不确定指数的回归系数只在非国有企业样本中显著为负,而在国有企业样本中不显著,说明股权集中度的调节作用只存在于非国有企业样本之中。总体而言,表 7-7 的回归分析结果支持了假设 H_{7-8} 的论断。

表 7-7 考虑股权集中度的回归分析结果

变量	全样本	非国有	国有
C	0.205 3*** (20.51)	0.211 0*** (14.87)	0.202 5*** (12.64)
PU_{t-1}	−0.024 7*** (−3.38)	−0.044 1*** (−4.89)	0.001 1 (0.09)
$TQ_{i,\ t-1}$	0.044 1*** (3.47)	0.035 4** (2.05)	0.054 5*** (2.99)
$CF_{i,\ t}$	−0.003 7 (−0.53)	−0.006 4 (−0.75)	0.000 4 (0.03)
$SG_{i,\ t}$	0.063 4*** (3.87)	0.063 8*** (3.13)	0.057 7** (2.23)
D_GDP_{t-1}	−0.010 0 (−0.40)	−0.067 9* (−1.85)	0.051 3 (1.57)

续表

变量	全样本	非国有	国有
$CONTR_{i,\ t-1}$	0.134 5*** (5.40)	0.128 5*** (4.00)	0.159 2*** (3.96)
$PU_{t-1} \times CONTR_{i,\ t-1}$	−0.011 1* (−1.90)	−0.020 2*** (−3.11)	0.001 3 (0.12)
调整后的 R^2	0.037 4	0.040 0	0.036 7
观测数	17 681	9 828	7 853

***、**和*分别表示在1%、5%和10%的水平下显著

注：括号内为 t 统计量，解释变量为滞后1期的中国经济政策不确定指数

7.7 结论和政策建议

本章以政府经济政策不确定性为出发点，研究这种特殊的不确定性是否会抑制企业投资。有别于国内已有研究，本章使用斯坦福大学和芝加哥大学联合发布的中国经济政策不确定指数衡量我国经济政策的不确定性，发现经济政策不确定性的提高会对企业投资产生抑制作用，这种抑制作用在2008年金融危机之后表现得更加明显。进一步的研究显示，企业的投资不可逆程度、学习能力、所有权性质、机构持股比例及股权集中度能够影响经济政策不确定性对企业投资的抑制程度。

本章的研究结果说明，政府在希望通过改变现行经济政策刺激企业投资时，也要关注经济政策频繁变动引发的经济政策不确定性可能对企业投资产生的抑制作用。尤其是在经济衰退时期，经济政策频繁变动引发的经济政策不确定性对企业投资的抑制作用可能会大于政府改变经济政策本身对企业投资的刺激作用（Dixit and Pindyck，1994；Pástor and Veronesi，2012）。因此，政府在企业未来经营环境尚不明朗之时对经济政策的调整要十分慎重，避免因经济政策频繁变动而进一步增加企业未来经营的不确定性。如果政府一旦决定改变现行经济政策，就要尽可能地保持政策的长期一致性，避免对已改变的经济政策"朝令夕改"，从而降低由此引发的政策不确定性可能对企业投资产生的抑制作用。此外，企业对经济政策不确定性的预期取决于政府的公信力，政府公信力越差，企业对经济政策不确定性的预期也就越高（Lam et al.，2012）。因此，政府在平时要注重塑造自身的公信力，提高企业对政府的信任度，从而降低企业在政府改变经济政策时的不确定性预期。最后，政府要清醒地意识到其在经济衰退时以改变现行经济政策为手段的"救市"行为是在市场失灵情况下不得已的选择（Dixit and

Pindyck，1994），而在经济运行良好时期，政府要注重发挥市场的自我调节功能，降低企业对政府经济政策的过度依赖，增强企业自身抵御风险的能力，只有这样才能保证经济的长期可持续发展。

第8章 经济政策不确定性与企业现金持有策略
——基于中国经济政策不确定指数的实证研究

本章使用斯坦福大学和芝加哥大学联合披露的中国经济政策不确定指数衡量我国上市公司面临的经济政策不确定性,研究这种特殊的不确定性对企业现金持有策略的影响,发现企业在经济政策不确定性上升时会增持现金等流动性资产。企业在面临经济政策不确定性时的现金增持现象在融资约束较为严重、股权集中度较低及学习能力较差的企业中表现得更加明显。进一步地,本章还通过中介效应分析将不确定环境下的企业投资和现金持有决策统一起来,发现企业在面临经济政策不确定性时增持的现金有一部分是以放弃当前投资机会为代价的。

8.1 引言与背景

经济政策不确定性,指的是经济主体(本章主要指企业)无法确切预知政府在未来是否、何时以及如何改变现行经济政策(Gulen and Ion, 2015)。经济政策是政府塑造企业外部经营环境的重要手段,换言之,政府通过经济政策制定或改变企业的"游戏规则"。2008年全球金融危机之后,各国政府为避免本国经济陷入衰退,都加强了对本国金融市场和实体经济的干预。政府频繁干预引发的经济政策不确定性引起了学术界的关注。最新研究发现经济政策不确定性不仅会对金融市场产生影响,表现为增加金融资产的风险溢价、波动幅度及彼此间的波动联动性(Pástor and Veronesi, 2012, 2013),而且还会影响企业的经营决策,包括抑制企业投资(Julio and Yook, 2012; Gulen and Ion, 2015)、增加企业债务成本和降低企业债务评级(Francis et al., 2014; Bradley et al., 2013)、减少企业股利发放(Huang et al., 2013)等。现金作为企业的重要资产,直接影响到企业的经营活动、投资活动和融资活动,与企业的经营业绩密切相关。在完美资本市场假设下,企业无须持有现金。然而在实际经营过程中,资本市场摩擦和公司治理结构缺陷使得现金持有策略(或流动性管理策略)成为企业的一项重要财务决策(连玉君等,2010)。那么,经济政策不确定性是否会影响企业的现金持有策略呢?本章将试图回答上述问题。

从理论上讲,企业面临的不确定性可以从以下两个渠道对企业现金持有策略产生影响(韩立岩和刘博研,2010):一是预防性动机渠道。不确定性代表了企业面临的风险,企业会出于预防性动机增持现金等流动性资产(Han and Qiu,2007),以避免未来陷入财务困境。二是代理成本渠道。信息不对称引发的代理成本使得自利的管理者通过持有大量自由现金流以保持公司的流动性,其目的是实现享受"平静生活"(或规避市场监管)、掏空企业或构建"企业帝国"等个人逐利动机。不确定性的上升会带来更为严重的信息不对称,从而增加企业的代理成本(韩立岩和刘博研,2010)。本章使用斯坦福大学和芝加哥大学联合披露的中国经济政策不确定指数衡量企业面临的经济政策不确定性,研究经济政策不确定性对企业现金持有策略的影响,发现企业在经济政策不确定性上升时会增持现金等流动性资产。进一步的研究显示,经济政策不确定性导致的企业现金增持现象在融资约束较为严重、股权集中度较低的企业中表现得更加明显,分别为预防性动机渠道和代理成本渠道提供了经验证据。此外,本章还发现企业的学习能力也能够影响企业在面临经济政策不确定性时的现金持有策略,表现为经济政策不确定性导致的企业现金增持现象在企业学习能力较弱的企业中更加明显。最后,采用中介效应检验方法,发现企业在面临经济政策不确定性时增持的现金是以放弃当前部分投资机会为代价的,从而为 Han 和 Qiu(2007)的理论模型提供了直接的经验证据。

1. 不确定性与企业现金持有策略

目前,国内学者主要基于预防性动机研究不确定性对企业现金持有策略的影响。从研究结论来看,还存在一定的争议。尽管大多数文献都发现不确定性与企业现金持有正相关,支持了企业在面临不确定性时现金持有的预防性动机理论,但也有少部分文献发现不确定性与企业现金持有负相关,如连玉君等(2010)。从不确定性具体来源来看,已有研究主要关注来自产品市场、货币政策变更及宏观经济方面的不确定性对企业现金持有策略的影响,但在不确定性衡量指标方面仍存在一定的不足。周婷婷和韩忠雪(2010)使用行业赫芬达尔指数和垄断租金衡量企业面临的产品市场竞争,发现企业会为防范产品市场竞争的掠夺性风险而增持现金。然而,产品市场竞争与企业现金管理可能存在反向因果关系,因为企业可能通过主动的现金持有策略来获得竞争优势(张会丽和吴有红,2012)。陈栋和陈运森(2012)使用人民银行发布的"货币政策指数"衡量货币政策变动,发现货币政策趋紧可能引发的融资约束会导致企业出于预防性动机而增持现金。代光伦等(2012)则基于货币供应量(M2)识别货币紧缩时期,发现地方政府控制的企业在货币紧缩时期会增持现金,而中央政府控制的企业则不会改变现金持有策略。然而,上述研究主要关注的是货币政策变更(一阶矩)引发的企业现金持有策略,而忽略了货币政策不确定性(二阶矩)对企业现金持有策略的影响。韩立岩和刘博研(2010)分别使用股票价格波动率和消费者价格指数的条件方差衡量企业面临的企业层面不确定性和宏观经济不确定性,发现两个层面不确定性的上升都会导致企业增持现金,与低治理效率公司相比,高治理效率公司的现金持有对不确定性的反应更加积极。类似地,梁权熙等(2012)使用宏观经济景气领先指数、消费价格指数和工业增加值增长率衡量企业面临的宏观经济不确定性,发现宏观经济不确定性会导致企业增持现金,这种影响在融资约束较为严重的企业中表现得更加明显。然而,使用股价波动率衡量企业外部环境的不确定性可能面临较为严重的内生性问题(股价和企业决策的交互影响),而且中国股市与基本面偏离较大,股价包含噪声成分较多,因此公司经理人在进行投资或现金持有决策时可能会较少考虑股价波动的影响(连玉君等,2010)。基于历史数据计算得到的宏观经济变量的条件方差能否反映企业对未来经营不确定性的预期也存在较大的争议,加之宏观经济因素彼此间相互关联,实证研究很难识别究竟是何种宏观经济因素引发的不确定性对企业现金持有策略产生了影响。

2. 经济政策不确定性与企业经营决策

2008年全球金融危机之后,各国政府为避免本国经济陷入衰退,都加强了对本国金融市场和实体经济的干预。政府频繁干预引发的经济政策不确定性引起了学术界的关注。最新研究发现经济政策不确定性会对金融市场产生影响,表现为经济政策不确定性上升会增加金融资产的风险溢价、波动幅度以及彼此间的波动联动性(Pástor and Veronesi,2012,2013)。此外,也有研究发现经济政策不确定性还会对企业的经营决策产生影响,如抑制企业投资(Julio and Yook,2012;Gulen and Ion,2015)、增加企业债务成本和降低企业债务评级(Francis et al.,2014;Bradley et al.,2013)、减少企业股利发放(Huang et al.,2013)等。从实证研究使用的经济政策不确定性衡量指标来看,已有研究主要使用政府换届(Julio and Yook,2012)、政治版图(Kim et al.,2012)以及斯坦福大学和芝加哥大学联合披露的经济政策不确定指数(Pástor and Veronesi,

2013；Gulen and Ion，2015）衡量经济政策不确定性。在这三类指标中，尽管政府换届和政治版图指标满足严格外生的条件，但是这两类指标发生变化往往间隔较长的时间，缺乏足够的时变性，无法衡量指标变动间隔内的经济政策不确定性（Gulen and Ion，2015）。与前两个指标相比，基于文本识别技术构建的斯坦福大学和芝加哥大学每月披露的经济政策不确定指数不仅具有较好的外生性而且较为连续，能够较好地反映经济政策不确定性的时变性特征。截至目前，笔者尚未发现有国内学者研究经济政策不确定性对企业现金持有策略的影响。

8.2 待检验假设与研究设计

8.2.1 待检验假设

从理论上讲，企业面临的不确定性可以从以下两个渠道对企业现金持有策略产生影响：一是预防性动机渠道。不确定性代表了企业面临的风险，企业会出于预防性动机增持现金等流动性资产（Han and Qiu，2007），以避免未来陷入财务困境。二是代理成本渠道。信息不对称引发的代理成本使得自利的管理者通过持有大量自由现金流以保持公司的流动性，其目的是实现享受"平静生活"（或规避市场监管）、掏空企业或构建"企业帝国"等个人逐利动机。不确定性的上升会带来更为严重的信息不对称，从而增加企业的代理成本（韩立岩和刘博研，2010）。对于我国政府主导的转型经济体而言，经济政策不确定性构成了我国企业经营不确定性的主要来源，政府的经济政策能够通过改变企业外部经营环境的方式直接对企业的经营决策产生影响。因此，不论是通过企业的预防性动机渠道还是代理成本渠道，经济政策不确定性的上升都会增强企业的现金持有动机，导致企业现金持有比例的上升。基于此，提出如下待检验假设：

假设 H_{8-1}：经济政策不确定性与企业的现金持有比例正相关。

假设 H_{8-1} 只是笼统地提出了经济政策不确定性与企业现金持有的相关关系，而没有对预防性动机和代理成本两个可能的作用渠道进行明确区分。Han 和 Qiu（2007）认为企业在面临不确定环境时持有现金的预防性动机取决于企业面临的融资约束程度。无融资约束企业拥有足够的融资能力能够在未来现金流发生任何变动时实现最优投资，即使这些企业预测到未来的不确定性，它们仍然有能力借助外部融资获得资金以实现最优投资，因此这些企业的预防性动机较弱；而对于融资约束企业而言，它们在未来现金流短缺时无法通过外部金融市场融得足够的资金。当企业边际投资收益为凸函数时，未来现金流不确定性的上升会使未来投资的边际投资收益高于当前投资,从而迫使融资约束企业不得不放弃当前的投资机会而选择持有现金,以便能够把握住未来的投资机会,因此这类企业具有较强的预防性动机。因此,如果企业持有现金的预防性动机成立,那么经济政策不确定性对企业现金持有比例的正向影响应该在面临融资约束程度较高的企业中表现得更加明显。基于此,提出如下待检验假设:

假设 H_{8-2}:经济政策不确定性与企业现金持有的正相关关系在融资约束较为严重的企业中表现得更加明显。

委托代理理论认为,管理权和控制权的分离造成了企业管理层和股东的利益不一致,而管理层与股东之间存在的信息不对称使得股东无法对管理层的行为进行充分监督。在这种情况下,管理层出于自身利益的考虑,会倾向保留更多的企业自由现金资产以牟取私人利益,如享受"平静生活"(或规避市场监管)、掏空企业或构建"企业帝国"等,从而引发企业的代理成本。不确定性的上升会带来更为严重的信息不对称,使得管理层的行为更加不易察觉,从而增加企业的代理成本(韩立岩和刘博研,2010)。例如,在经济政策不确定性上升时,企业管理层可以以此为借口将企业的现金持有水平提高到预防性动机合理水平之上,以牟取个人私利,而股东与管理层之间的信息不对称,使得股东无法确知企业出于预防性动机应该持有的合理现金水平,从而无法对管理层进行有效监督。公司治理机制安排能够有效地降低企业的代理成本,从而约束管理层的自利行为。在我国投资者保护法律制度和公司治理不完善的现实环境下,股权集中度成为制约企业管理者自利行为的一种有效手段。与小股东相比,大股东有更强的动机和能力通过其拥有的控制权和决策权对企业管理层实施监督,从而有效抑制经济政策不确定性引起的企业过度现金增持行为。基于此,提出如下待检验假设:

假设 H_{8-3}:经济政策不确定性引起的企业现金增持在股权集中程度较低的企业中表现得更加明显。

Moyen 和 Platikanov(2013)考虑了企业学习能力的提升对不确定性与企业投资关系的影响,认为上市公司随着时间的推移会逐渐了解其自身的特征和公司质量,其投资决策受到随机冲击的影响较小。实际上,除了企业投资决策之外,企业学习能力同样也会对企业预防性现金持有决策产生影响。预防性动机理论认为,企业之所以会放弃当前的投资机会而选择持有现金等流动性资产,主要是因为不确定性的存在使得管理层无法准确预测企业未来的经营现金流。为了能够把握未来的投资机会,企业会选择放弃一部分当前的投资机会而持有一定比例的现金,当前放弃的投资机会构成了企业预防性现金持有策略的机会成本(Han and Qiu,2007)。随着企业学习能力的提升,其管理层能够更为准确地评估企业未来经营状况。在这种情况下,企业将不再愿意承担预防性现金持有策略的机会成本，从而能够降低不确定环境下企业的预防性现金持有动机。基于此，提出如下待检验假设：

假设 H_{8-4}：经济政策不确定性提高引起的企业现金增持在学习能力较弱的企业中表现得更加明显。

8.2.2 变量构建

1. 被解释变量——企业现金持有（CASH）

借鉴已有研究，采用"单季现金及现金等价物增加额/期初总资产"的方法衡量企业单季现金持有决策。为了使检验结果更为稳健，在稳健性分析中还分别使用"单季现金及现金等价物增加额/期初净资产"以及"（货币资金+短期资产）增加额/期初总资产"的方法衡量企业的现金持有。其中，短期资产由"交易性金融资产+应收账款+存货"计算得到。

2. 解释变量——经济政策不确定指数（PU）

使用斯坦福大学和芝加哥大学联合公布的月度中国经济政策不确定指数作为我国经济政策不确定性的衡量指标。该指数以香港最大的英文报纸《南华早报》为文本分析对象，采用文本分析软件识别每个月刊发的有关中国经济政策不确定性的文章，并将每个月识别的文章数量除以当月《南华早报》刊发的总文章数量，最终得到月度中国经济政策不确定指数，Baker 等（2013）对该指标的具体构建方法进行了详细说明。由于基于季度数据进行实证分析，因此我们使用每个季度最后一个月份公布的中国经济不确定指数作为当季经济政策不确定性的衡量指标。

3. 控制变量

借鉴国内已有研究，使用托宾 Q（TQ）、经营现金流（CF）、资本性支出（CAPX）、企业规模（SIZE）、债务比例（LRA）、净营运资本（NWC）及现金股利支付率（DIVID）作为回归模型的控制变量。

（1）托宾 Q（TQ）。借鉴苏启林和朱文（2003），使用如下公式计算托宾 Q：

$$TQ = \frac{公司流通市值+公司非流通市值+负债账面价值}{资产账面价值}$$

其中，公司流通市值可以用公司股票价格乘以流通股份数较为容易地获得，而公司非流通市值的计算相对复杂。本章借鉴汪辉（2003），使用每股净资产作为非流通股价格，并用其乘以非流通股份数，最终得到公司的非流通市值。公司负债的账面价值和资产账面价值则分别用公司总负债和总资产来表示。

（2）经营现金流（CF）。借鉴 Gulen 和 Ion（2015），使用如下指标衡量企业经营现金流：$CF_{i,t} = \dfrac{OPCF_{i,t}}{TA_{i,t-1}}$。其中，$OPCF_{i,t}$ 为公司 i 在 t 期产生的经营现金流，而 $TA_{i,t-1}$ 则表示公司 i 在 $t-1$ 期的总资产。

（3）资本性支出（CAPX）。借鉴李培功和肖珉（2012），使用经过总资产调整后的上市公司资本性支出作为控制变量，其具体计算公式为 $CAPX_{i,t} = \dfrac{Invt_{i,t}}{TA_{i,t-1}}$。其中，$Invt_{i,t}$ 为公司 i 在 t 期产生的资本性支出，具体计算方法为"构建固定资产、无形资产和其他长期资产所支付的现金-处置固定资产、无形资产和其他长期资产而收回的现金"。$TA_{i,t-1}$ 表示公司 i 在 $t-1$ 期的总资产。

（4）企业规模（SIZE）。使用总资产的自然对数衡量企业规模。

（5）债务比例（LRA）。使用"总负债/所有者权益"衡量企业的债务比例。

（6）净营运资本（NWC）。借鉴连玉君等（2010），使用"非现金净营运资本/期初总资产"计算上市公司的净营运资本。其中，非现金净营运资本的计算公式为"流动资产-流动负债-现金及现金等价物"。

（7）现金股利支付率虚拟变量（DIVIDUM）。使用"公司合计派现金额/净利润"计算上市公司的现金股利支付率。对于同一年度多次派现的公司样本，使用年度平均现金股利支付率衡量上市公司的现金股利支付率。当企业年度平均现金股利支付率超过横截面中位数时，赋值为1；否则赋值为0。

4. 调节变量

（1）股权集中度（CONTR）。使用锐思金融研究数据库中披露的前五大股东持股比例之和衡量上市公司的股权集中程度[①]。

（2）企业成立年限（OLD）。使用报告期所在年份与企业成立年份的差值衡量企业成立年限。

（3）融资约束（FS）。衡量企业面临的融资约束程度一直是实证研究面临的难点问题。借鉴国内已有研究，分别使用企业规模、现金股利支付率和企业股权性质衡量企业面临的融资约束程度。对于前两个指标，我们将高于横截面中位数的样本划为低融资约束组，而将剩余样本划为高融资约束组。对于股权性质指

---

① 笔者还使用前十大股东持股比例之和衡量了上市公司的股权集中度，得到的回归分析结果与采用前五大股东持股比例之和时的回归分析结果并不存在明显差别。

标,首先根据控股股东性质将样本公司划分为国有企业和非国有企业;然后将国有企业划为低融资约束组,而将非国有企业划为高融资约束组。

8.2.3 回归模型

由于本章回归分析使用的是季度数据,为了体现企业季度现金持有政策的持续性特征,借鉴 Han 和 Qiu(2007)采用动态面板回归模型检验经济政策不确定性对企业现金持有的影响,具体回归模型如下:

$$CASH_{i,t} = \beta_1 CASH_{i,t-1} + \beta_2 PU_t + \beta_3 TQ_{i,t-1} + \beta_4 CF_{i,t-1} \\ \beta_5 CAPX_{i,t-1} + \beta_6 SIZE_{i,t-1} + \beta_7 LRA_{i,t-1} + \beta_8 NWC_{i,t-1} \quad (8\text{-}1) \\ + \beta_9 DIVIDUM_{i,t-1} + v_i + \varepsilon_{i,t}$$

其中,$CASH_{i,t-1}$为滞后 1 期的企业现金持有指标,用其控制企业季度现金持有行为的持续性特征。此外,在回归模型右侧引入滞后期因变量还有助于缓解由缺失变量导致的模型内生性问题。PU_t为 t 期的中国经济政策不确定指数,是回归模型的核心解释变量,其回归系数 β_2 反映了经济政策不确定性对企业现金持有的影响。v_i 为不随时间变化的企业个体效应。当回归模型右侧出现滞后期因变量时,采用最小二乘回归会导致回归模型出现内生性问题,为此我们借鉴 Arellano 和 Bond(1991),采用广义矩估计方法对动态面板模型(8-1)进行估计。与其他估计方法相比,广义矩估计方法更加适用于本章"大 N 小 T"的面板数据结构(Judson and Owen,1999)。回归模型(8-1)中并没有引入时间虚拟变量,其目的是避免时间虚拟变量与经济政策不确定指数对企业现金持有的影响相互抵消(Gulen and Ion,2015)。

借鉴连玉君等(2010),在回归模型(8-1)的基础上,采用按照企业面临的融资约束程度进行分组回归的方法,检验融资约束对企业在面临经济政策不确定性时现金持有策略的影响。此外,采用构建调节变量与解释变量交乘项的方法检验股权集中度和企业学习能力对企业在面临经济政策不确定性时现金持有策略的影响,具体模型如下:

$$CASH_{i,t} = \beta_1 CASH_{i,t-1} + \beta_2 PU_t + \beta_3 TQ_{i,t-1} + \beta_4 CF_{i,t-1} \\ + \beta_5 CAPX_{i,t-1} + \beta_6 SIZE_{i,t-1} + \beta_7 LRA_{i,t-1} + \beta_8 NWC_{i,t-1} \quad (8\text{-}2) \\ + \beta_9 DIVIDUM_{i,t-1} + \beta_{10} ADJ_{i,t} + \beta_{11} PU_t \times ADJ_{i,t} + v_i + \varepsilon_{i,t}$$

其中,$ADJ_{i,t}$为回归模型的调节变量,分别表示企业的股权集中度(CONTR)和学习能力(OLD)。

8.3 样本数据和描述性统计

8.3.1 样本数据

本章使用的上市公司季度财务数据以及股票交易数据全部来自锐思金融研究数据库,宏观经济数据则全部来自中经网统计数据库。由于锐思金融研究数据库从 2002 年开始披露季度财务数据,因此本章选择的样本区间为 2002 年第 1 季度至 2013 年第 1 季度。借鉴已有研究,在样本中剔除金融、保险类上市公司和非正常上市的公司。本章使用的中国经济政策不确定指数来自 http://www.policyuncertainty.com/china_monthly.html 网站,该网站由来自芝加哥大学和斯坦福大学的教授联合创建,定期对外公布不同国家和地区的月度经济政策不确定指数。

由于本章数据横跨 45 个季度,因此在回归分析之前对各变量的平稳性进行单位根检验。单位根检验结果显示,所有企业层面变量在样本期内都是平稳的。在宏观变量中,中国经济政策不确定指数是平稳的,而稳健性分析中使用的 GDP 同比增长率和消费者信心指数满足 1 阶单整,因此本章在稳健性分析时使用的是这两个指标的 1 阶差分项。

8.3.2 描述性统计

表 8-1 给出了主要变量的描述性统计,图 8-1 则给出了样本期内中国经济政策不确定指数的走势图。图 8-1 显示,我国经济政策不确定性在 2008 年前后大幅攀升,这主要是"奥运经济"的终结以及金融危机不断蔓延引起的。此外,经济政策不确定性在 2011 年前后也呈现大幅攀升趋势,这一时期中央政府一揽子投资计划的负面效应开始显现,物价开始出现大幅上涨态势,未来经济政策不确定性明显增强。总体而言,我国经济政策不确定性在 2008 年金融危机之后呈现出较高的波动性。

表 8-1 主要变量的描述性统计

变量		均值	标准差	最小值	最大值	观测数
CASH	总体	0.027 2	0.174 1	−0.235 2	1.061 3	43 475
	组间		0.101 8	−0.083 7	0.639 4	
	组内		0.162 7	−0.677 1	1.150 8	

续表

变量		均值	标准差	最小值	最大值	观测数
TQ	总体	1.521 8	0.880 3	0.531 7	5.773 6	63 961
	组间		0.618 3	0.531 7	5.773 6	
	组内		0.667 2	−2.046 3	5.856 9	
CF	总体	0.011 7	0.048 5	−0.141 6	0.181 8	42 003
	组间		0.018 0	−0.107 9	0.089 2	
	组内		0.046 0	−0.174 5	0.234 1	
CAPX	总体	0.017 8	0.023 2	−0.007 1	0.125 0	60 170
	组间		0.014 2	0.000 0	0.103 9	
	组内		0.019 6	−0.060 1	0.139 3	
SIZE	总体	21.462 0	1.171 4	18.658 8	25.128 7	69 084
	组间		1.024 4	18.875 1	25.128 7	
	组内		0.556 1	18.475 0	26.019 3	
LRA	总体	1.195 6	1.296 3	−1.641 0	7.843 0	69 078
	组间		0.882 5	−0.489 7	6.412 5	
	组内		0.917 6	−5.554 7	8.955 8	
NWC	总体	0.021 49	0.217 1	−0.661 6	0.568 8	47 195
	组间		0.174 0	−0.570 1	0.545 7	
	组内		0.129 6	−0.839 1	0.928 2	
DIVIDUM	总体	0.283 4	0.450 6	0	1	74 381
	组间		0.234 3	0	0.893 6	
	组内		0.379 5	−0.610 3	1.262 1	

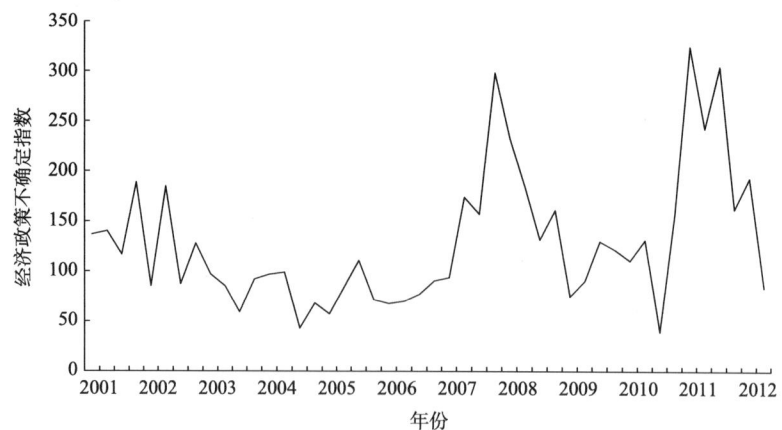

图 8-1 中国经济政策不确定指数走势图

横轴刻度表示 2001 年第 1 季度到 2012 年第 2 季度

资料来源：http://www.policyuncertainty.com/china_monthly.html

8.4　实证分析结果

表 8-2 的第 2 列给出了经济政策不确定性对于企业现金持有策略影响的回归分析结果。滞后 1 期现金持有指标的系数在 1% 的水平下显著为正，说明企业的现金持有策略具有一定的持续性特征，这也为本章使用动态面板模型进行回归分析提供了依据。当期经济政策不确定指数的回归系数都在 1% 的水平下显著为正。上述回归结果说明，经济政策不确定性的提高会使企业出于预防性动机而增持现金等流动性资产，这一结果支持了假设 H_{8-1}。

表 8-2　经济政策不确定性对企业现金持有影响的回归分析结果

变量	回归分析结果		
	（1）	（2）	（3）
C	−0.082 6*** (−4.92)	0.020 4 (0.77)	−0.076 5*** (−3.43)
$CASH_{i,t-1}$	0.407 9*** (49.67)	0.088 7*** (8.20)	0.409 4*** (49.75)
PU_t	0.025 9*** (7.41)	0.005 8** (2.03)	0.026 5*** (7.29)
$TQ_{i,t-1}$	0.098 4*** (9.01)	0.074 5*** (5.60)	0.080 0*** (8.01)
$CF_{i,t-1}$	−0.063 0*** (−12.99)	0.010 9** (2.48)	−0.064 9*** (−13.41)
$CAPX_{i,t-1}$	−1.014 1*** (−2.72)	0.001 3 (0.28)	−0.012 3** (−2.40)
$SIZE_{i,t-1}$	−0.403 1*** (−10.36)	−0.691 1*** (−6.35)	−0.627 0*** (−8.80)
$LRA_{i,t-1}$	0.140 6*** (5.34)	0.212 4*** (6.32)	0.146 4*** (5.36)
$NWC_{i,t-1}$	0.287 2*** (11.90)	0.165 8*** (9.00)	0.286 0*** (11.80)
$DIVIDUM_{i,t-1}$	0.011 4 (0.77)	−0.079 0** (−2.20)	0.032 2** (2.18)
$CONTR_{i,t}$		−0.117 5** (−2.40)	
$PU_t \times CONTR_{i,t}$		−0.004 9** (−1.96)	
$OLD_{i,t}$			0.205 8*** (4.91)
$PU_t \times OLD_{i,t}$			−0.013 3*** (−3.26)
观测数	34 105	17 567	34 105

***、**分别表示在 1%、5% 的水平下显著

注：括号内为 z 统计量

表 8-3 给出的回归结果显示，企业规模虚拟变量与政策不确定指数的交乘项显著为负，说明政策不确定性导致的企业现金增持现象在小规模企业中表现得更加明显。类似地，股权性质虚拟变量与政策不确定指数的交乘项也显著为负，说明政策不确定性导致的企业现金增持现象在非国有企业中表现得更加明显。现金股利支付虚拟变量与政策不确定指数的交乘项显著为正，说明政策不确定性导致的企业现金增持现象在现金股利支付率较高的企业中表现得更加明显，这一结果与假设 H_{8-2} 的预期相矛盾。本章认为，产生这一结果的原因可能是我国政府对上市公司的股利支付存在一定的强制性要求，如 2000 年和 2001 年中国证券监督管理委员会颁布一系列法律将上市公司的再融资与发放现金股利挂钩；2006 年发布的《上市公司证券发行管理办法》规定，发行新股时，分配的现金股利或股利要满足一定的要求；2008 年《关于修改上市公司现金分红若干规定的决定》中对上市公司现金股利的发放提出了更高的要求。因此，我国上市公司的股利支付可能部分反映了政府有关股利支付的强制性要求，而不完全是上市公司的自愿行为。在这种情况下，现金股利支付率可能更多体现的是企业面临的政策约束而非融资约束（顾乃康等，2010）。综上所述，表 8-3 的分组回归结果支持了假设 H_{8-2}，说明经济政策不确定性提高引起的企业现金增持在融资约束较为严重的企业中表现得更加明显。

表 8-3 考虑融资约束的回归分析结果

变量	考虑融资约束的分组回归分析结果		
	企业规模	现金股利	股权性质
C	−0.083 5*** (−5.00)	−0.111 3*** (−6.77)	
$CASH_{i,\,t-1}$	0.408 2*** (49.73)	0.401 9*** (50.39)	0.408 1*** (49.73)
PU_t	0.036 0*** (6.62)	0.012 2*** (2.95)	0.030 6*** (6.40)
$TQ_{i,\,t-1}$	0.098 0*** (8.98)	0.094 5*** (8.71)	0.098 3*** (9.00)
$CF_{i,\,t-1}$	−0.063 0*** (−12.99)	−0.061 6*** (−12.88)	−0.063 1*** (−13.00)
$CAPX_{i,\,t-1}$	−0.014 1*** (−2.72)	−0.015 0*** (−2.90)	−0.014 2*** (−2.74)
$SIZE_{i,\,t-1}$	−0.402 0*** (−10.33)	−0.363 4*** (−9.26)	−0.403 0*** (−10.23)
$LRA_{i,\,t-1}$	0.014 02*** (5.33)	0.139 5*** (5.34)	0.140 7*** (5.35)

续表

变量	考虑融资约束的分组回归分析结果		
	企业规模	现金股利	股权性质
$NWC_{i,\,t-1}$	0.287 3*** (11.91)	0.290 6*** (12.11)	0.286 9*** (11.89)
$DIVIDUM_{i,\,t-1}$	0.012 2 (0.82)	0.110 7*** (5.16)	0.012 0 (0.81)
$PU_t \times SIZE_{i,\,t-1}$	−0.020 9*** (−2.73)		
$PU_t \times DIVIDUM_{i,\,t-1}$		0.051 3*** (5.21)	
$FS_{i,\,t-1}$			−0.118 0 (−1.27)
$PU_t \times FS_{i,\,t-1}$			−0.013 4* (−1.93)
观测数	34 105	34 105	34 105

***、*分别表示在1%、10%的水平下显著

注：括号内为 z 统计量

表 8-2 第 3 列给出的回归结果显示，在引入股权集中度及其与经济政策不确定指数交乘项后，经济政策不确定指数的回归系数仍然在 5% 的水平下显著为正。股权集中度指标的回归系数在 5% 的水平下显著为负，说明股权集中度的提高有助于降低企业的现金持有水平，这一结果与国内外已有研究较为一致。股权集中度与经济政策不确定指数交乘项的回归系数在 5% 的水平下显著为负，说明股权集中度的提高能够抑制经济政策不确定性引起的企业现金增持行为，这一结果支持了假设 $H_{8\text{-}3}$。

表 8-2 第 4 列给出的回归分析结果显示，在引入企业成立年限及其与经济政策不确定指数交乘项后，经济政策不确定指数的回归系数仍然在 1% 的水平下显著为正。企业年限指标的回归系数在 1% 的水平下显著为正，说明成立时间越久的企业其持有的现金比例越高，这一结果出乎预料，现有的理论难以解释这一现象，我们将其留待今后进一步研究。尽管企业成立年限指标的回归系数无法有效解释，但是其并不影响对假设 $H_{8\text{-}4}$ 的验证。企业成立年限与经济政策不确定指数交乘项的系数在 1% 的水平下显著为负，说明企业学习能力越强越有助于缓解经济政策不确定性引起的企业现金增持行为，这一结果符合假设 $H_{8\text{-}4}$。

8.5 稳健性分析

1. 不同的企业现金持有衡量指标

除了使用"单季现金及现金等价物增加额/期初总资产"衡量企业现金持有之外，还分别使用"单季现金及现金等价物增加额/期初净资产"以及"（货币资金+短期资产）增加额/期初总资产"衡量企业现金持有，并分别进行回归分析。回归结果显示，采用不同企业现金持有衡量指标得到的回归分析结果并不存在明显的差异。

2. 不同的季度经济政策不确定指数计算方法

前文使用每个季度末公布的中国经济政策不确定指数衡量我国的经济政策不确定性，Gulen 和 Ion（2015）曾经在实证研究中使用当季月度经济政策不确定指数的加权平均值衡量季度经济不确定性，具体计算公式如下：

$$PU_t = \frac{3PUI_m + 2PUI_{m-1} + PUI_{m-2}}{6}$$

其中，PUI_m 表示月份 m 的中国经济不确定指数，其权重反映了近期的经济政策不确定性对企业的投资决策会产生更大的影响。本章借鉴 Gulen 和 Ion（2015），使用月度经济政策不确定指数的加权平均值替代季末经济政策不确定指数作为回归模型的解释变量，并进行重新回归。回归结果显示，采用加权平均方法计算的季度经济政策不确定指数和采用季末经济政策不确定指数的回归结果并不存在明显的差异。

3. 宏观经济性因素的影响

前文研究使用的回归模型中采用了企业层面的指标作为控制变量，但没有对相关的宏观经济变量进行控制。宏观经济变量会同时影响企业现金持有决策和经济政策不确定性，缺失的宏观经济变量可能使回归模型面临内生性问题。为此，本章将在回归模型基础上分别引入 GDP 年度同比增长率、消费者信心指数、企业景气指数、企业家信心指数、宏观经济先行指数及宏观经济景气指数控制宏观经济因素对企业现金持有的影响。之所以分别引入宏观经济变量，主要是因为这些变量具有较高的相关性。平稳性分析结果显示，企业景气指数、企业家信心指数、宏观经济先行指数及宏观经济景气指数在样本期内都是平稳的，而 GDP 年度同比增长率和消费者信心指数是 1 阶单整的，所以回归模型中使用的是这两个指标的 1 阶差分项。回归结果显示,控制宏观经济因素后,经济政策不确定性指标的回归系数仍然显著为负。

4. 其他不确定性衡量指标

企业在经营过程中面临多方面的不确定性,除了经济政策不确定性外,其他层面(如宏观经济、企业自身经营)的不确定性也可能会对企业投资产生影响,为了说明本章采用的经济政策不确定性指标与其他层面的不确定性不相互重叠,我们在回归模型中引入这些不确定性指标作为控制变量。借鉴国内已有研究,分别采用工业增加值增长率[①]的条件方差(邱兆祥和刘远亮,2010)和公司经营业绩波动率指标(申慧慧等,2012)衡量企业面临的不确定性,并分别将其作为控制变量代入回归模型。对于经营业绩波动率指标,我们借鉴 Ghosh 和 Olsen (2009),使用公司过去2年(8个季度)季度销售收入标准差进行衡量,具体计算公式如下:

$$CV(Z_{i,k}) = \frac{\sqrt{\sum_{k=1}^{8}\frac{(Z_{i,k}-\bar{Z}_i)}{8}}}{\bar{Z}_i}$$

其中,$Z_{i,k}$ 为公司 i 在 k 期的营业收入,$\bar{Z}_i$ 为公司 i 在前 8 个季度营业收入的平均值。为了消除行业因素的影响,用上述指标的行业平均值对其进行调整。回归结果显示,在分别引入工业增加值增长率条件方差和公司经营业绩波动率指标后,经济政策不确定指数的回归系数依然显著为正,说明经济政策不确定指数并不与国内研究使用的其他不确定性衡量指标在含义上相互重叠。

8.6 进一步扩展

前文研究发现,经济政策不确定性的上升会使企业增持现金,但并未明确指出企业增持现金的具体来源。实物期权理论认为,外部不确定性的上升会增加企业拥有的延迟投资选择权的价值,从而对企业当前投资产生抑制作用(Gulen and Ion,2015)。Han 和 Qiu(2007)认为企业在面临未来经营不确定性时会出于预防性动机放弃当前投资机会而选择持有现金,其目的是把握未来的投资机会。上

[①] 除了工业增加值增长率指标外,笔者还分别采用宏观经济先行指数、居民消费价格指数以及M2发行增速等指标的条件方差衡量了企业面临的不确定性,其检验结果并不与采用工业增加值增长率的条件方差时存在明显差异。

述两种理论实际上将企业现金持有与企业投资统一起来，认为企业在面临不确定上升时所增持现金来自企业放弃的当前投资机会，也就是说企业增持的现金是以放弃当前投资机会为代价的，而目前国内外已有研究并未对此进行直接验证。基于此，提出如下待检验假设：

假设 $H_{8\text{-}5}$：企业在经济政策不确定性上升时增持的现金是以放弃当前投资机会为代价的。

采用中介效应检验的方法对假设 $H_{8\text{-}5}$ 进行检验。如果假设 $H_{8\text{-}5}$ 成立，那么企业投资应该作为经济政策不确定性对企业现金持有影响的中介变量发生作用。具体的检验模型如下：

$$\text{CASH}_{i,t} = \beta_1\text{CASH}_{i,t-1} + \beta_2\text{PU}_t + \beta_3\text{TQ}_{i,t-1} + \beta_4\text{CF}_{i,t-1} + \beta_5\text{CAPX}_{i,t-1} \\ + \beta_6\text{SIZE}_{i,t-1} + \beta_7\text{LRA}_{i,t-1} + \beta_8\text{epsl} + \beta_9\text{DIVIDUM}_{i,t-1} + v_i + \varepsilon_{i,t} \quad (8\text{-}3)$$

$$\text{CAPX}_{i,t} = \beta_1\text{CAPX}_{i,t-1} + \beta_2\text{PU}_t + \beta_3\text{TQ}_{i,t-1} + \beta_4\text{CF}_{i,t-1} \\ + \beta_5\text{SALE}_{i,t} + \beta_6\text{GDP}_{i,t-1} + v_i + \varepsilon_{i,t} \quad (8\text{-}4)$$

$$\text{CASH}_{i,t} = \beta_1\text{CASH}_{i,t-1} + \beta_2\text{PU}_t + \beta_3\text{TQ}_{i,t-1} + \beta_4\text{CF}_{i,t-1} + \beta_5\text{CAPX}_{i,t-1} \\ + \beta_6\text{CAPX}_{i,t} + \beta_7\text{SIZE}_{i,t-1} + \beta_8\text{LRA}_{i,t-1} + \beta_9\text{NWC}_{i,t-1} \\ + \beta_{10}\text{DIVIDUM}_{i,t-1} + v_i + \varepsilon_{i,t} \quad (8\text{-}5)$$

根据依次检验法，如果存在企业投资的中介效应，那么方程（8-3）中的 β_2、方程（8-4）中的 β_2 和方程（8-5）中的 β_5 应该是显著的。与此同时，如果方程（8-5）中的 β_2 不显著，说明存在完全中介效应，否则为不完全中介效应。表 8-4 的回归分析结果显示，方程（8-3）中的 β_2 在 1% 的水平下显著为正，说明经济政策不确定性的上升会使企业增持现金；方程（8-4）中 β_2 在 10% 的水平下显著为负，说明经济不确定性的上升会抑制当前企业投资；而方程（8-5）中的 β_6 在 1% 的水平下显著为负，说明企业投资与同期企业现金持有负相关。上述结果说明，存在企业投资对经济政策不确定性和企业现金持有的中介效应，即经济政策不确定性能够通过抑制企业当前投资的方式使企业的现金持有比例上升，这一结果支持了假设 $H_{8\text{-}5}$。另外，由于方程（8-5）中的 β_2 也在 1% 的水平下显著为正，表明经济政策不确定性对企业现金持有的影响并不完全通过抑制企业当前投资而发生作用，即企业投资具有不完全中介效应。表 8-5 给出了使用加权平均方法计算季度政策不确定指数时的中介效应回归分析结果。不难发现，与使用季末值衡量政策不确定性时得到的结果相比，并不存在明显的差异，只是回归系数更加显著而已。综上所述，我们发现经济政策不确定性既能够通过抑制企业当前投资的途径对企业现金持有策略产生影响，又会通过其他途径对企业的现金持有策略产生影响。受到研究内容和数据所限，本章尚无法识别经济政策不确定性对企业现金持有的其他影响途径，我们将其留待今后进一步研究。

表 8-4 中介效应回归分析结果（采用季末中国经济政策不确定指数）

变量	企业现金持有		变量	企业投资
	方程（8-3）	方程（8-5）		方程（8-4）
C	0.034 3** (2.20)	0.043 0** (2.51)	C	0.213 3*** (10.29)
$CASH_{i,\,t-1}$	0.409 0*** (50.84)	0.402 1*** (49.30)	$CAPX_{i,\,t-1}$	0.195 5*** (13.34)
PU_t	0.014 3*** (4.13)	0.022 8*** (6.33)	PU_t	−0.012 5* (−1.66)
$TQ_{i,\,t-1}$	0.103 2*** (9.46)	0.110 0*** (9.63)	$TQ_{i,\,t-1}$	0.042 3** (2.58)
$CF_{i,\,t-1}$	−0.056 2*** (−11.65)	−0.058 3*** (−11.81)	$CF_{i,\,t-1}$	−0.049 8*** (−6.65)
$CAPX_{i,\,t-1}$	−0.002 5 (−0.48)	−0.020 6*** (−3.99)	$SALE_{i,\,t}$	0.049 8*** (3.56)
$CAPX_{i,\,t}$		−0.042 8*** (−7.13)	$GDP_{i,\,t-1}$	−0.005 0 (−0.4)
$SIZE_{i,\,t-1}$	−0.384 5*** (−9.90)	−0.449 9*** (−10.72)	季度	控制
$LRA_{i,\,t-1}$	0.114 5*** (4.64)	0.113 5*** (4.50)		
$NWC_{i,\,t-1}$	0.250 6*** (10.55)	0.236 1*** (9.74)		
$DIVIDUM_{i,\,t-1}$	0.020 4 (1.36)	0.050 7*** (3.38)		
季度	控制	控制		
观测数	34 105	32 368	观测数	22 251

***、**和*分别表示在1%、5%和10%的水平下显著
注：括号内为 z 统计量

表 8-5 中介效应回归分析结果（采用季度加权的中国经济政策不确定指数）

变量	企业现金持有		变量	企业投资
	方程（8-3）	方程（8-5）		方程（8-4）
C	0.031 0* (1.94)	0.041 2** (2.35)	C	0.217 4*** (10.32)
$CASH_{i,\,t-1}$	0.410 5*** (50.97)	0.403 8*** (49.41)	$CAPX_{i,\,t-1}$	0.194 9*** (13.33)
PU_t	0.022 1*** (5.07)	0.029 8*** (6.68)	PU_t	−0.021 9** (−2.49)
$TQ_{i,\,t-1}$	0.104 8*** (9.50)	0.110 9*** (9.63)	$TQ_{i,\,t-1}$	0.041 6** (2.53)
$CF_{i,\,t-1}$	−0.056 4*** (−11.69)	−0.058 6*** (−11.85)	$CF_{i,\,t-1}$	−0.049 9*** (−6.67)

续表

变量	企业现金持有		变量	企业投资
	方程（8-3）	方程（8-5）		方程（8-4）
$CAPX_{i,\ t-1}$	−0.002 5 （−0.48）	−0.020 7*** （−3.99）	$SALE_{i,\ t}$	0.049 3*** （3.53）
$CAPX_{i,\ t}$		−0.043 0*** （−7.61）	$GDP_{i,\ t-1}$	−0.004 1 （−0.38）
$SIZE_{i,\ t-1}$	−0.404 5*** （−9.98）	−0.469 6*** （−10.76）	季度	控制
$LRA_{i,\ t-1}$	0.115 6*** （4.67）	0.114 6*** （4.52）		
$NWC_{i,\ t-1}$	0.248 2*** （10.40）	0.233 8*** （9.61）		
$DIVIDUM_{i,\ t-1}$	0.022 4 （1.50）	0.052 1*** （3.48）		
季度	控制	控制		
观测数	34 105	32 368	观测数	22 251

***、**和*分别表示在1%、5%和10%的水平下显著。
注：括号内为 z 统计量。

8.7　结论和政策建议

本章使用斯坦福大学和芝加哥大学联合披露的中国经济政策不确定指数衡量企业面临的经济政策不确定性，研究经济政策不确定性对企业现金持有策略的影响，发现企业在经济政策不确定性上升时会增持现金等流动性资产。进一步的研究显示，经济政策不确定性导致的企业现金增持现象在融资约束较为严重、股权集中度较低的企业中表现得更加明显，分别为预防性动机渠道和代理成本渠道提供了经验证据。此外，还发现企业的学习能力也能够影响企业在面临经济政策不确定性时的现金持有策略。最后，采用中介效应检验方法，发现企业在面临经济政策不确定性时增持的现金是以放弃当前部分投资机会为代价的，从而为 Han 和 Qiu（2007）的理论模型提供了直接的经验证据。

尽管企业在面临经济政策不确定性时增持现金对企业来说可能是一种理性的选择，但是对整个社会来说却是一种资源浪费，尤其是企业增资现金是以放弃投资机会为代价的。本章的研究结果说明，政府在希望通过改变现行经济政策刺激经济时，也要关注经济政策频繁变动引发的经济政策不确定性可能产生的负面影响。

第9章　经济政策不确定性能够影响投资基金的资产配置策略吗？
——基于中国经济政策不确定指数的实证研究

本章主要研究经济政策不确定性是否会对 A 股市场投资基金的资产配置策略产生影响，使用斯坦福大学和芝加哥大学联合披露的中国经济政策不确定指数衡量我国政府经济政策的不确定性，发现 A 股市场投资基金在经济政策不确定性上升时会降低持股比例并增持现金等流动性资产。有别于国外已有研究，本章还将着重分析投资基金在面临经济政策不确定性时的资产配置动机，通过比较经济政策不确定性对不同类型基金现金持有比例的影响以及对基金未来资金流的预测能力，发现预防性动机和市场择时动机能够共同解释 A 股市场投资基金在面临经济政策不确定性时的资产配置策略。本章不仅从研究内容上对目前有关经济政策不确定性引发的经济后果的研究进行补充，而且也为学术界和实务界深入理解 A 股市场的"政策市"特征提供一个全新的思路。

9.1　引言与背景

经济政策不确定性，指的是市场主体无法确切预知政府在未来是否、何时以及如何改变现行经济政策（Gulen and Ion，2015）。2008 年全球金融危机之后，各国政府为避免经济衰退，都加强了对本国金融市场和实体经济的干预。政府频繁干预经济引发的经济政策不确定性引起了学术界的广泛关注。最新研究表明，经济政策不确定性不仅会影响金融资产价格（Pástor and Veronesi，2012，2013），而且还会通过影响企业未来经营现金流的方式对企业经营决策产生影响（Julio and Yook，2012；Gulen and Ion，2015；Bradley et al.，2013；Huang et al.，2013；李凤羽和杨墨竹，2015）。既然经济政策不确定性能够影响资产价格和企业经营决策，那么投资者（尤其是机构投资者）在进行资产配置时是否会将经济政策不确定因素考虑在内呢？本章试图回答这一问题。

与欧美成熟市场经济体相比，中国正处于经济转型阶段，市场主体对政府经济政策依赖程度较高。这使得我国经济政策不确定性水平及其对资本市场影响的深远程度要远高于欧美成熟经济体，使得A股市场呈现出明显的"政策市"特征。在这一现实背景下，研究经济政策不确定性对A股市场投资者（尤其是机构投资者）资产配置策略的影响，不仅有助于学术界和实务界深入理解A股市场"政策市"的成因和特征，而且也为政府部门制定和评估重大经济政策提供决策参考。

有关不确定性影响市场微观主体决策行为的理论研究可以追溯到20世纪80~90年代，这一时期的研究主要在实物期权理论框架下研究不确定性对企业投资的影响。其中，以Bernanke（1983）为代表的学者认为在项目投资不能完全撤销（fully reversible）的情况下，不确定性的上升会增加企业"等待"的价值，企业会选择延迟当前投资直到不确定性下降。总体而言，这一时期的研究大都将企业面临的不确定性视为一个整体，没有识别不确定性的具体来源。

在2007年美国次贷危机演化为全球金融危机并引发全球经济衰退之后，各国政府相继出台了一系列经济刺激政策保护本国就业和促进经济增长。许多评论家指出，经济政策的频繁出台会加剧市场主体的经济政策不确定性预期，并拖慢经济复苏的步伐（Baker et al.，2013），学术界也开始将关注的焦点集中在政府经济政策——这一特殊的不确定性来源上，并从资产定价和企业经营决策两个方面研究经济政策不确定性可能引发的经济后果。资产定价方面，Pástor和Veronesi（2013）构造了一个一般均衡模型，来解释政府政策选择所引发的股价反应机制。在其模型中，他们假设政府会在经济衰退时改变现行经济政策，以便为市场提供保护期权（看跌期权）。经济政策不确定性的上升会降低保护期权的价值，因此投资者会要求对其承担的经济政策不确定性风险得到相应的风险补偿，从而使资产价格出现相应的风险溢价。Pástor和Veronesi（2013）、Lam等（2012）为上述理论观点提供了经验证据。Belo等（2013）认为经济政策不确定性会降低企业经营现金流对股价的预测能力，并且实证发现经营现金流对股价的预测能力在两届政府的中间年份（经济政策不确定性相对较低）更加明显。此外，Gao和Qi（2019）还发现经济政策不确定性的上升会增加美国市政债券发行时的票面利率。企业经营决策方面，Julio和Yook（2012）、Gulen和Ion（2015）、Kim和Kung（2016）发现经济政策不确定性的上升会抑制企业投资，这种抑制作用在投资不可撤销程度较高的企业中表现得更加明显，从而为实物期权理论提供了经验证据。Bradley等（2013）发现经济政策不确定性会降低企业债券的信用评级并增加企业的融资成本,而企业可以通过政治捐赠和政治游说降低政策风险。Huang 等(2013)则发现在经济政策不确定性上升时,支付股利的企业更有可能终结股利支付,而未支付股利的企业则不大可能选择在此时支付股利。Dai 和 Ngo(2013)认为经济政策不确定性会增加代理成本,从而使企业的会计保守性程度有所上升。

截至目前,较少有学者关注经济政策不确定性对机构投资者资产配置策略的影响。实际上,不论是资产价格还是企业经营决策都与机构投资者的资产配置策略息息相关:一方面,机构投资者拥有的资金优势使得其资产配置策略能够直接对资产价格形成冲击,资产价格的变动也会影响机构投资者的资产配置策略;另一方面,机构投资者较强的信息分析能力及其与企业之间的密切关系,使得其资产配置策略对企业经营决策的反应更加敏感。因此,研究经济政策不确定性对机构投资者资产配置策略的影响有助于学术界更为全面、深入地理解经济政策不确定性可能引发的经济后果。在可获得的仅有文献中,Francis 等(2014)以美国大选为研究对象,发现美国大选引发的经济政策不确定性会降低机构投资者的持股比例,并且机构持股比例的下降幅度与大选结果的不确定性正相关[①]。然而,他们的研究还不够深入,主要体现在没有识别机构投资者的资产配置动机。例如,对于投资基金这类机构投资者而言,其在经济政策不确定性上升时降低持股比例既有可能出于市场择时动机(延迟投资),也有可能出于预防性动机(应对未来的赎回压力)。对机构投资者资产配置动机的忽视会使实证结果缺乏必要的理论基础。此外,Francis 等(2014)只关注经济政策不确定性对机构投资者持股比例的影响,而忽视了对机构投资者其他资产配置决策的影响,这可能混淆我们对实证结果的理解。例如,对于经济政策不确定性引发的机构持股比例下降这一实证结果可能存在两种解释:一是机构投资者出于市场择时动机和预防性动机而主动采取的资产配置策略;二是投资者在经济政策不确定性上升时赎回基金份额,导致机构投资者被迫卖出持仓股票。在这种情况下,只分析经济政策不确定性对机构持股比例的影响显然无法区分上述两种解释。最后,机构投资者在投资标的、资产配置策略和投资风格上存在较大差异,将所有机构投资者看作一个整体进行研究,会忽视它们之间的异质性差异。

---

① Francis 等(2014)将美国大选结果的不确定性称为"政治不确定性"(political uncertainty),并研究其对机构投资者持股策略的影响,但他们在稳健性分析中也使用了经济政策不确定指数作为解释变量,发现检验结果依然成立。与西方发达国家不同,中国并不存在不同党派交替执政的情况,各届中央政府在政治主张上也不存在明显的差别,加之中国国内较为稳定的政治环境,因此中国并不存在类似西方国家大选的政治不确定性,而更多存在的是各届政府在经济政策方面的不确定性。

与国内外已有研究不同，本章以 A 股市场一类特殊的机构投资者——投资基金为研究对象，在研究经济政策不确定性对投资基金资产配置策略的影响的同时，还着重分析投资基金在面对经济政策不确定性时的资产配置动机，并将其区分为预防性动机和市场择时动机，通过比较不同类型投资基金在面临经济政策不确定性时资产配置策略的差异以及经济政策不确定性对不同类型基金未来资金流的预测能力，为上述两种动机提供了经验证据。此外，本章不仅实证分析了经济政策不确定性对投资基金持股策略的影响，而且还分析了经济政策不确定性对基金现金持有策略及资金流的影响，从而比较完整和明确地刻画了经济政策不确定性对投资基金资产配置策略的影响机制及作用渠道。

9.2 待检验假设与研究设计

9.2.1 待检验假设

目前，现有理论能够从以下两方面解释投资基金在面临经济政策不确定性时的资产配置策略：一是市场择时动机（market timing motive）。市场择时动机的理论基础主要是实物期权理论，该理论将企业拥有的投资机会看作其持有的看涨期权，而企业选择进行投资则相当于执行了看涨期权。如果企业需要为错误决策承担较高的成本[①]（即投资不可完全撤销），那么经济政策不确定性的上升就会增加企业持有的看涨期权的价值，企业会选择延迟当前投资，以便在未来把握更好的投资机会（Bernanke，1983；Dixit and Pindyck，1994；Gulen and Ion，2015）。投资基金的投资决策与一般性生产企业具有一定的共性特征：一方面，投资基金面临的投资机会也可看作其持有的看涨期权，基金可以选择何时以及投资多少标的股票（行权）；另一方面，投资基金也需要为投资决策失误承担较为高昂的成本，即投资者在基金投资失误时可能会赎回基金份额。上述共性特征使得投资基金在经济政策不确定性上升时，也会采取与一般性生产企业类似的投资决策，即延迟当前投资。二是预防性动机（precautionary motive）。预防性动机理论认为，企业在外部环境不确定性上升时会增持现金等流动性资产，以应对未来可能出现的融资环境恶化（Han and Qiu，2007）。对于投资基金而言，其预防性动机主要来自对基金未来资金流的预期。如果基金经理预期经济政策不确定性

[①] 对于企业来说，放弃投资项目和解雇聘用的工人都需要承担较为"昂贵"的成本。

上升可能会引发未来投资者大规模赎回基金份额,那么为了避免投资者大规模赎回时基金被动卖出股票造成的价格冲击,他们会选择在当前的适当时机降低持股比例并增持现金等流动性资产,以应对未来可能面临的赎回压力。基于此,提出如下待检验假设:

假设 H_{9-1}:经济政策不确定性与投资基金持股比例负相关。

假设 H_{9-2}:经济政策不确定性与投资基金现金持有比例正相关。

上述假设只是提出了投资基金在应对经济政策不确定性时可能采取的资产配置策略,并没有识别这种资产配置策略究竟出于何种动机。对于预防性动机而言,如果基金在经济政策不确定性上升时增持现金,那么说明他们预期经济政策不确定性的上升会引起未来基金资金流流出规模的增加。需要强调的是,如果经济政策不确定性能够在当期就引起基金的资金流出,也会相应降低投资基金的持股比例,而这并不是由预防性动机所致。因此,如果预防性动机成立,那么经济政策不确定性应该与当期基金资金流不相关,而与基金未来的资金流负相关。与开放式基金不同,封闭式基金在存续期内不允许投资者申购和赎回。如果预防性动机假说成立,那么经济政策不确定性对基金现金持有比例的影响应该在封闭式基金上表现不明显。基于此,提出如下待检验假设:

假设 H_{9-3}:若预防性动机成立,则经济政策不确定性与开放式基金当期资金流不相关,而与其未来资金流负相关。

假设 H_{9-4}:若预防性动机成立,则经济政策不确定性与开放式基金现金持有比例正相关,而与封闭式基金现金持有比例不相关。

对于市场择时动机而言,尽管现有数据无法对其直接检验,但是我们仍然可以通过其他方式对这一动机进行间接检验。按照基金资产配置类型,样本基金可以分为混合型和股票型两大类。我国政府 2014 年颁布的《公开募集证券投资基金运作管理办法》明确规定:(一)百分之八十以上的基金资产投资于股票的,为股票基金;(二)百分之八十以上的基金资产投资于债券的,为债券基金;(三)仅投资于货币市场工具的,为货币市场基金;(四)百分之八十以上的基金资产投资于其他基金份额的,为基金中基金;(五)投资于股票、债券、货币市场工具或其他基金份额,并且股票投资、债券投资、基金投资的比例不符合第(一)项、第(二)项、第(四)项规定的,为混合基金。可见,我国法律对股票型基金的投资标的和投资比例是有一定限制的,而对混合型基金的限制则相对较少。另外,陈浪南等(2014)也发现,与股票型基金和债券型基金相比,混合型基金普遍表现出正的股票市场与债券市场择时能力,并认为其主要的原因来自混合型基金在资产投资上受到较少限制,能够根据市场的真实情况将资产在不同市场之间进行转移,混合型基金普遍表现出较好的择时能力。因此,如果市场择时假说成立,经济政策不确定性对混合型基金现金持有比例的影响应强于对股票

型基金现金持有比例的影响,并且经济政策不确定性对二者资金流的影响应该并不存在显著差异。基于此,提出如下待检验假设:

假设 H_{9-5}:若市场择时动机成立,则经济政策不确定性对混合型基金现金持有比例的影响应强于对股票型基金现金持有比例的影响。

假设 H_{9-6}:若市场择时动机成立,则经济政策不确定性对混合型基金资金流的影响与对股票型基金资金流的影响不存在明显差异。

9.2.2 研究设计

1. 变量构建

(1) 被解释变量。基金持股比例(IO):使用企业层面的投资基金持有无限售流通 A 股比例衡量投资基金的持股策略[①];基金现金持有比例(CASH):使用投资基金持有的国债及货币资金与基金资产净值的比值作为基金现金持有比例的衡量指标;基金资金流(FLOW):借鉴杨墨竹(2013),使用如下公式计算开放式基金的资金流:

$$FLOW_{i,t} = \frac{NA_{i,t} - NA_{i,t-1}(1+R_{i,t})}{NA_{i,t-1}}$$

其中,$NA_{i,t}$ 表示基金 i 在 t 期的净资产,$R_{i,t}$ 表示基金 i 从 $t-1$ 期到 t 期的单位累计净值收益率。

(2) 解释变量:中国经济政策不确定指数(PU)。选择使用斯坦福大学和芝加哥大学联合披露的中国经济政策不确定指数衡量中国经济政策的不确定性。该指数以香港最大的英文报纸《南华早报》为文本分析对象,使用文本分析软件识别每个月刊发的有关中国经济政策不确定性的文章,并将识别的文章数量除以当月《南华早报》刊发文章的总数量,最终得到月度中国经济政策不确定指数,具体的指数构建方法参见网站 http://www.policyuncertainty.com/china_monthly.html。为了与被解释变量的季度数据相匹配,使用每个季度最后一个月的中国经济政策不确定指数衡量当季的经济政策不确定性水平。

---

① 之所以选择使用企业层面的基金持股比例数据(而非基金层面的持股比例数据),主要出于以下考虑:首先,本章主要的参考文献 Francis 等(2014)使用的就是企业层面的机构持股数据作为被解释变量,为了方便与之比较,本章也选择使用这一指标;其次,企业层面基金持股数据的观测数明显多于基金层面的基金持股数据,有助于提高回归结果的准确性;再次,不同基金的持股大都具有特定的倾向性,如果使用基金层面的持股数据,可能反映的只是基金重仓股基金持股比例的变动,而无法反映整个市场中所有股票的基金持股变动。

（3）控制变量。采用如下四类指标作为回归模型的控制变量。

企业层面因素。企业规模（SIZE）：使用季度末公司总资产的自然对数衡量企业规模；财务杠杆（LEV）：使用季度末公司总负债与总资产的比值衡量上市公司的财务风险；营利能力（EPS）：使用季度每股收益衡量上市公司的营利能力；市账率（MB）：使用季度末已上市流通股市值与净资产的比值衡量上市公司属于成长股还是价值股；换手率（TURN）：使用股票日换手率的季度平均值衡量上市公司季度换手率；系统性风险（BETA）：使用锐思金融研究数据库中披露的当前季度前12个月的β值衡量股票的系统性风险；特质风险（IDIO）：使用个股周度交易数据估计股票特质风险。为了确保估计期足够长，选择包括当前周在内的40周作为特质风险的估计期。具体估计方法是，首先，以当前周为起点，向前40周作为估计期，使用Fama-French三因素模型对每只股票的周度超额收益率进行回归，得到回归残差$\varepsilon_{i,t}$；其次，采用如下公式$\text{Idiosy}_{i,t} = \sqrt{T_{i,t}}\text{std}(\varepsilon_{i,t})$计算个股特质波动率，并作为该股票在当前周可观测的特质风险，$T_{i,t}$表示估计期样本股票的实际交易周数，以此类推，得到每只股票在每一周的可观测特质风险；最后，识别出每周所在的季度，将前一季度最后一周的可观测特质波动率作为当前季度股票的特质风险衡量指标。动量（MOM）：使用股票季度收益率作为动量效应衡量指标；两权分离度（SEP）：使用国泰安数据库中披露的上市公司两权分离度指标衡量上市公司的公司治理水平。

基金层面因素。基金收益率（NAPRET）：使用基金的季度单位累计净值收益率作为基金收益的衡量指标；基金规模（FSIZE）：使用季末基金净资产的自然对数衡量基金规模；基金费率（EXRATIO）：使用基金季度利润表中的费用合计与基金净资产的比值衡量基金费率；基金年龄（AGE）：使用基金成立年份与当前年份的差值衡量基金年龄。

股票市场因素。市场收益率（MRET）：使用流通市值加权的市场季度收益率作为市场收益的衡量指标；市场换手率（MTURN）：使用流通市值加权的市场季度换手率作为市场换手率的衡量指标；市场波动率（MVOL）：使用锐思金融研究数据库中披露的股票市场60日简单移动平均对数收益波动率衡量市场波动性。

宏观经济周期因素。GDP年度同比增长率（GDP）：使用每个季度的GDP年度同比增长率控制宏观经济周期因素的影响。

2. 回归模型

借鉴Francis等（2014），使用如下线性回归模型检验经济政策不确定性对基金持股比例的影响。

$$IO_{i,t} = \alpha + \beta_1 PU_t + \beta_2 SIZE_{i,t-1} + \beta_3 LEV_{i,t-1} + \beta_4 EPS_{i,t-1} + \beta_5 MB_{i,t-1}$$
$$+ \beta_6 TURN_{i,t-1} + \beta_7 BETA_{i,t-1} + \beta_8 IDIO_{i,t-1} + \beta_9 MOM_{i,t-1} \quad (9\text{-}1)$$
$$+ \beta_{10} SEP_{i,t} + \beta_{11} GDP_t + QURTERDUM_t$$

除了前文提到的控制变量之外，还在回归模型中引入季度虚拟变量（QURTERDUM$_t$）以反映基金持股的季节性特征，引入行业虚拟变量（INDUSDUM$_i$）反映基金持股的行业偏好①，同时引入年度虚拟变量反映基金持股的年度特征。考虑到个股观测可能具有的集聚性特征，对回归系数的标准差在公司层面进行了 cluster 处理。

借鉴国内外已有研究，采用固定效应面板回归模型检验经济政策不确定性对投资基金现金持有比例的影响：

$$CASH_{i,t} = \alpha + \beta_1 PU_t + \beta_2 NAPRET_{i,t} + \beta_3 FLOW_{i,t} + \beta_4 FSIZE_{i,t}$$
$$+ \beta_5 EXRATIO_{i,t} + \beta_6 AGE_{i,t} + \beta_7 MRET_{i,t} + \beta_8 MTURN_{i,t} + \beta_9 MVOL_{i,t}$$
$$+ \alpha_i + QURTERDUM_t + YEARDUM_t + \varepsilon_{i,t}$$

$$(9\text{-}2)$$

考虑到同一基金观测可能具有的集聚性特征，对回归系数的标准差在基金层面进行了 cluster 处理。此外，还借鉴国内外已有研究，采用固定效应面板回归模型检验经济政策不确定性对开放式基金资金流的影响：

$$FLOW_{i,t} = \alpha + \beta_1 PU_t + \beta_2 PU_{t-1} + \beta_3 FSIZE_{i,t-1} + \beta_4 NAPRET_{i,t-1}$$
$$+ \beta_5 EXRATIO_{i,t} + \beta_6 AGE_{i,t} + \beta_7 MRET_{i,t} + \beta_8 MTURN_{i,t} \quad (9\text{-}3)$$
$$+ \beta_9 MVOL_{i,t} + \alpha_i + QURTERDUM_t + YEARDUM_t + \varepsilon_{i,t}$$

与回归模型（9-2）类似，对模型（9-3）的回归系数标准差在基金层面进行了 cluster 处理。

9.3 样本数据和描述性统计

9.3.1 样本数据

本章选择 2007 年 1 月至 2014 年 3 月作为样本区间。之所以选择这一区间，主要是因为我国上市公司自 2007 年开始实行新的会计准则。此外，在这一样本区间，基金持股比例数据较为完整。我们剔除了金融类上市公司和非正常上市公司样本

---

① 将每年的第 4 季度作为基期，并采用证监会行业分类标准对上市公司的行业进行分类。

（ST、PT），同时还剔除了债券型投资基金样本（只保留股票型[①]和混合型投资基金样本）。

9.3.2 描述性统计

表9-1给出了样本基金的构成情况。选择的基金总样本为725只，包括股票型基金522只，混合型基金203只，封闭式基金52只，开放式基金673只。

表9-1 样本基金构成情况表

基金类别	样本数/只	占总样本比重	观测数/只	占总观测数比重
总样本	725	100%	11 975	100%
股票型	522	72%	8 340	70%
混合型	203	28%	3 635	30%
封闭式	52	7%	805	7%
开放式	673	93%	11 170	93%

图9-1给出了样本期内中国经济政策不确定指数的走势图。不难发现，我国的经济政策不确定性在2008年金融危机爆发期间大幅上升。此后，随着我国政府推出一揽子救市计划，经济政策不确定性一度回落。2011年下半年，政府救市计划的负面效应开始显现，经济增速下滑，物价飞涨，加之国际经济形势错综复杂，我国经济政策不确定性再度增强。直到新一届中央领导班子开始执政，经济政策不确定性才逐渐回落。总体而言，本章选用的中国经济政策不确定指数能够较好地反映我国经济政策不确定性的基本走势。

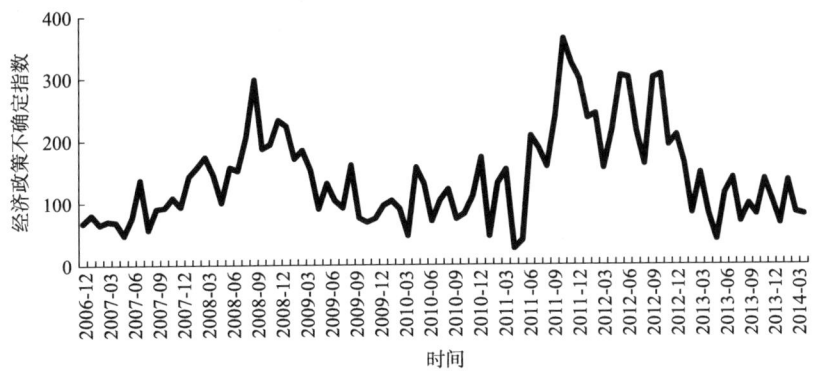

图9-1 中国经济政策不确定指数走势图

资料来源：http://www.policyuncertainty.com/china_monthly.html

[①] 其中，股票型基金包括开放式基金和封闭式基金两种，而混合型基金则全部为开放式基金。

9.4 实证分析结果

9.4.1 实证分析

1. 经济政策不确定性是否影响基金的资产配置策略

表9-2给出了经济政策不确定性与基金持股比例关系的回归分析结果。作为本章研究的核心解释变量,经济政策不确定指数与基金持股比例负相关,且在5%的水平下显著。这一结果与Francis等(2014)对美国大选前后机构持股比例变动的研究结果相一致,说明A股市场投资基金在经济政策不确定性上升时也会降低持股比例。从影响规模上来看,经济政策不确定指数每上升1个单位,会引起投资基金持股比例下降0.15个百分点。综上所述,表9-2的回归分析结果支持了假设H_{9-1}的论断。

表9-2 经济政策不确定性与基金持股比例

变量	回归系数
C	−10.576 4^{**} (−2.42)
PU_t	−0.001 5^{**} (−2.02)
$SIZE_{i,\ t-1}$	1.078 9^{***} (5.27)
$LEV_{i,\ t-1}$	−4.88^{***} (−4.84)
$EPS_{i,\ t-1}$	12.826 8^{***} (8.78)
$MB_{i,\ t-1}$	0.248 1^{***} (3.01)
$TURN_{i,\ t-1}$	−1.085 0^{***} (−13.71)
$BETA_{i,\ t-1}$	−3.229 1^{***} (−10.82)
$IDIO_{i,\ t-1}$	3.013 7^{**} (2.56)
$MOM_{i,\ t-1}$	4.699 3^{***} (11.81)
$SEP_{i,\ t}$	0.014 9 (1.43)
GDP_t	−0.320 8^{***} (−2.74)
季度	控制

续表

变量	回归系数
行业	控制
年度	控制
观测数	27 118
调整后的 R^2	0.243 9

***、**分别表示在1%、5%的水平下显著

注：括号内为 t 统计量，对回归系数的标准差在公司层面进行了 cluster 调整

表 9-3 给出了经济政策不确定性与基金现金持有比例关系的面板回归分析结果。表 9-3 第二列的全样本回归结果显示，经济政策不确定指数与基金现金持有比例正相关，且在 1%的水平下显著，说明 A 股市场投资基金在经济政策不确定性上升时会提高现金持有比例，支持了假设 H_{9-2} 的论断。

表 9-3 经济政策不确定性与基金现金持有比例

变量	回归系数				
	全样本	开放式	封闭式	股票型	混合型
C	0.207 4** (2.19)	0.293 8*** (3.01)	−1.258 8 (−1.26)	0.169 6* (1.65)	0.661 8*** (2.81)
PU_t	0.000 3*** (9.04)	0.000 3*** (9.37)	−0.000 0 (−0.02)	0.000 3*** (7.47)	0.000 4*** (6.14)
$NAPRET_{i,t}$	−0.035 2 (−1.52)	−0.028 6 (−1.14)	−0.074 8 (−0.46)	−0.017 7 (−0.71)	−0.022 8 (−0.41)
$FLOW_{i,t}$		0.006 3 (1.57)		0.001 8 (0.51)	0.013 7*** (2.72)
$FSIZE_{i,t}$	−0.012 1*** (−2.78)	−0.016 0*** (−3.56)	0.059 4 (1.39)	−0.012 1*** (−2.83)	−0.027 2*** (−2.64)
$EXRATIO_{i,t}$	−0.181 2 (−0.87)	−0.232 1 (−1.05)	1.529 2* (1.74)	−0.428 8** (−2.26)	0.056 9 (0.12)
$AGE_{i,t}$	0.014 9*** (35.73)	0.015 1*** (32.99)	−0.001 1 (−0.17)	0.024 4*** (6.11)	−0.006 3* (−1.82)
$MRET_{i,t}$	−0.004 8 (−0.28)	−0.004 8 (−0.26)	−0.026 7 (−0.51)	−0.014 8 (−0.81)	−0.005 2 (−0.14)
$MTURN_{i,t}$	−0.000 5*** (−5.86)	−0.000 5*** (−6.01)	0.000 0 (0.19)	−0.000 6*** (−6.59)	−0.000 4** (−2.19)
$MVOL_{i,t}$	2.624 4*** (5.57)	2.818 5*** (5.68)	1.593 8 (1.06)	3.418 9*** (6.23)	1.649 8* (1.73)
季度	控制	控制	控制	控制	控制
年度	控制	控制	控制	控制	控制
观测数	6 684	6 192	438	4 113	2 079
调整后的 R^2	0.138 5	0.139 9	0.253 0	0.161 8	0.129 5

***、**和*分别表示在1%、5%和10%的水平下显著

注：括号内为 t 统计量，对回归系数的标准差在公司层面进行了 cluster 调整

2. 预防性动机还是市场择时动机?

表 9-4 第二列给出了经济政策不确定性与开放式基金资金流关系的回归分析结果。结果显示,经济政策不确定性与同期开放式基金资金流不相关,而滞后 1 期的经济政策不确定性与开放式基金资金流在 5% 的水平下显著负相关。上述结果说明,经济政策不确定性的上升并不会引起同期开放式基金资金流的变动,但会导致开放式基金在下一期出现资金流出的趋势,这一结果支持了假设 H_{9-3} 的论断。同时也说明,如果基金经理预计经济政策不确定性会在下一期引发资金流出,那么他们会在当期增持现金,以应对下期可能出现的基金赎回压力。

表 9-3 的第三、四列给出了经济政策不确定性与开放式和封闭式基金现金持有比例关系的分组回归结果。结果显示,经济政策不确定性与开放式基金现金持有比例在 1% 的水平下显著正相关,而与封闭式基金现金持有比例的关系不显著,从而支持了假设 H_{9-4} 的结论[①]。综上所述,假设 H_{9-3} 和假设 H_{9-4} 的成立说明预防性动机能够解释 A 股市场投资基金在面临经济政策不确定性时的资产配置策略。

表 9-4 经济政策不确定性与基金资金流

变量	回归系数		
	开放式	股票型	混合型
C	7.324 8*** (8.46)	7.531 0*** (9.31)	8.614 4*** (3.94)
PU_t	0.000 2 (0.86)	0.000 3 (0.98)	0.000 2 (0.35)
PU_{t-1}	−0.000 8** (−2.59)	−0.000 6*** (−2.88)	−0.001 1 (−1.39)
$FSIZE_{i, t-1}$	−0.339 8*** (−8.39)	0.328 7*** (−8.79)	−0.372 4*** (−3.74)
$NAPRET_{i, t-1}$	0.062 4 (0.57)	0.035 7 (0.29)	0.207 8 (1.01)
$EXRATIO_{i, t}$	−12.902 4*** (−7.16)	−13.205 3*** (−9.36)	−12.688 3*** (−2.99)
$AGE_{i, t}$	0.021 1*** (9.49)	−0.052 7*** (−5.08)	−0.069 6*** (−3.67)
$MRET_{i, t}$	0.101 0 (1.20)	0.042 6 (0.41)	0.226 2 (1.39)

---

① 样本中封闭式基金所占比例较低(<10%),如果采用虚拟变量方法区分经济政策不确定性对开放式基金和封闭式基金的不同影响,则会面临多重共线性问题,因此只能选择分组回归方法。已有研究显示,基金资金流会对开放式基金的现金持有比例产生影响(张宗新和缪婧倩,2012;Simutin,2013),而封闭式基金并不存在资金流的流动,这使得分组回归模型的变量并不相同,因此也无法用 F 统计量比较回归系数的差异。为此,只能采用直接比较回归系数显著性的方法,对封闭式和开放式基金的分组回归结果进行比较。

续表

变量	回归系数		
	开放式	股票型	混合型
$MTURN_{i,t}$	0.000 9 (0.90)	0.000 7 (0.77)	0.001 0 (0.47)
$MVOL_{i,t}$	1.807 7 (0.77)	0.882 0 (0.40)	4.324 2 (0.67)
季度	控制	控制	控制
年度	控制	控制	控制
观测数	5 972	3 937	2 035
调整后的 R^2	0.155 7	0.217 8	0.098 9

***、**分别表示在1%、5%的水平下显著

注：括号内为 t 统计量，对回归系数的标准差在公司层面进行了 cluster 调整

表 9-3 的第五、六列给出了经济政策不确定性与股票型基金和混合型基金现金持有比例关系的分组回归结果，经济政策不确定性与股票型和混合型基金的现金持有比例都在1%的水平下显著正相关。从回归系数大小来看，股票型基金组中经济政策不确定指数的回归系数要小于混合型基金组，两者差异的 F 统计量为 7.02，说明经济政策不确定性对混合型基金的影响确实要强于对股票型基金的影响，从而支持了假设 H_{9-5} 的论断。

表 9-4 的第三、四列给出了经济政策不确定性对股票型和混合型基金资金流影响的分组回归结果。结果显示，经济政策不确定性与同期股票型基金和混合型基金的资金流都不显著相关。但滞后1期的经济政策不确定性与股票型基金的资金流在1%的水平下显著负相关，回归系数为-0.000 6。对于混合型基金而言，尽管滞后1期经济政策不确定性的回归系数超过股票型基金（达到-0.001 1），但却并不显著。两者回归系数差异的 F 统计量仅为 0.57，说明两者并不存在明显的区别。上述结果支持了假设 H_{9-6} 的论断，说明经济政策不确定性对股票型和混合型基金资金流的影响并不存在明显差异。在这种情况下，表 9-3 中有关经济政策不确定性对股票型和混合型基金现金持有比例影响的差异则应该主要来自市场择时动机。上述结果说明，市场择时动机也能解释 A 股市场投资基金在面临经济政策不确定性时的资产配置策略。

9.4.2 稳健性检验

本小节主要从以下两方面对前文的实证结果进行稳健性检验。

首先，宏观经济变量。在表 9-2 中使用 GDP 同比增长率指标作为控制变量，

来控制宏观经济因素对基金持股比例的影响。除了 GDP 指标外，还分别使用 CPI、企业景气指数、工业增加值增速、宏观经济先行指数以及 M2 同比增速指标作为控制变量，回归结果显示，当采用不同宏观经济因素作为控制变量时，得到的结果并不存在明显差异。

其次，动态模型。Simutin（2013）采用动态面板回归模型对基金现金持有的决定因素进行实证研究。为此，我们采用因变量滞后 1 期的动态面板回归模型对经济政策不确定性与基金现金持有比例的关系进行重新检验。为了避免模型右侧出现滞后因变量引发的内生性问题，采用广义矩估计方法对动态面板模型进行估计。结果显示，采用动态模型后得到的回归分析结果与前文并不存在明显差异。

9.5 结　　论

本章对 A 股市场投资基金在面临经济政策不确定性时的资产配置策略进行了实证研究，发现经济政策不确定性会对 A 股市场投资基金的资产配置策略产生影响。在经济政策不确定性上升时，投资基金会降低持股比例，并增持现金等流动性资产。进一步的研究显示，预防性动机和市场择时动机能够共同解释经济政策不确定性对投资基金资产配置策略的影响。其中，预防性动机的经验证据表现为，经济政策不确定性引发的现金增持现象只存在于开放式基金之中，而在封闭式基金中并不显著，并且经济政策不确定性与下一期开放式基金的资金流负相关。由于封闭式基金在存续期内不允许投资者进行申购和赎回，因此上述结果说明，作为资本市场中"经验丰富"的投资者，开放式基金经理能够基于历史经验预期到经济政策不确定性会在未来引起基金资金流出，从而在当期出于预防性动机增持现金等流动性资产，以应对未来可能出现的投资者赎回压力。市场择时动机的经验证据表现为，经济政策不确定性引起的基金现金增持行为在混合型基金中的表现要强于在股票型基金中的表现，而经济政策不确定性对两类基金下一期资金流的预测能力却不存在显著差异。由于混合型基金与股票型基金相比，在市场择时方面具有更大的操作空间，因此上述结果说明市场择时动机也能够解释 A 股市场投资基金在面临经济政策不确定性时的资产配置策略。

第 10 章 经济政策不确定性能够影响企业应计项目吗？
——来自 A 股市场的经验证据

政府出台的经济政策属于企业外部环境范畴，经济政策不确定性上升同样会引发企业外部环境不确定性的上升。为此，本章以 2003~2016 年 A 股上市公司为研究样本，研究企业应计项目以及应计项目各部分与外部环境不确定性之间关系，并考虑企业财务状况、营业周期对企业应计项目与环境不确定性之间关系的影响。研究表明，企业应计项目与环境不确定性之间存在显著的负相关关系，并且应计项目资产部分在这种关系中起决定作用。财务状况恶化企业会增强这种负相关关系，主要是由于"风险转移"促使债权人为维护自身利益而限制企业投资。具有较长营业周期的企业会减弱这种负相关关系，主要由于企业会进行更多短期投资和盈余管理。以上结论对政策制定者和企业管理者具有重要的借鉴作用。

10.1 引言与背景

随着应计项目重要性的不断增强，应计项目的研究也在不断增加。当前对应计项目的研究主要分为两方面，一方面是应计项目作为企业营运资本的重要组成部分的研究，另一方面则是从应计项目作为企业盈余管理重要工具的角度出发。现阶段国内主要的研究都集中在盈余管理的角度，从这方面出发，企业的应计项目具有可操纵性和主观性，并不能完全反映企业的经营状况，很难利用前期数据对其进行预测。但是需要注意的是，应计项目不仅仅是企业盈余管理的重要手段，更是营运资本中代表风险的部分，可以代表营运资本的投资。从投资的角度出发，应计项目应当与企业面临的环境不确定性息息相关。

现有的国内外文献对环境不确定性有很多的衡量方法。Eisdorfer（2008）、Arif 等（2016）认为尽管股票市场存在部分人为的扰动因素，并不能完全反映企业面临的所有风险状况，但是从长期来看，股票市场收益率的波动情况与企业在经营管理过程中遇到的环境不确定性是大致符合的，因此环境的不确定性可以通过企业在股票中收益率的波动情况近似表现出来。与采用股票收益率波动不同，Ghosh 和 Olsen（2009）、申慧慧等（2012）使用剔除了行业影响的五年非正常收入增长的标准差来近似地代表企业面对的环境不确定性。从实物期权理论来说，过高的经济不确定性将会增加企业投资的不确定性，抑制投资。应计项目代表了企业营运资本中的风险部分，作为企业重要的短期投资，理应与企业面临的环境不确定性息息相关。基于此，本章初步建立了使用环境不确定性来预测应计项目的框架。

本章以 2003~2016 年 A 股上市公司为研究样本，研究企业应计项目以及应计项目各部分与环境不确定性之间的关系，并考虑企业财务状况、营业周期对企业应计项目与环境不确定性之间关系的影响。本章可能的贡献有：一是实物期权理论的应用大部分集中在长期投资的领域，而应计项目作为营运资本的投资，很少应用实物期权理论；二是建立应计项目与环境不确定性之间的关系，可以使企业对应计项目进行更加合理的匹配，提高企业营运资本管理的效率。

10.2　理论分析与研究假设

在权责发生制的记账基础上，应计项目由于发生和实现时点不一致，成为管理者进行盈余管理的重要工具。通过应计项目，管理者可以改变企业某项投资的交易时点，达到操纵利润的目的（Jones，1991；Dechow，1994；Sloan，1996）。应计项目由于具有较高的主观性和可操纵性，被认为不可预测。即使Jones（1991）提出的应计项目估计模型，也仅是利用当期的数据实现对应计项目的不可操纵部分估计。现有研究表明，应计项目不仅是企业盈余管理的重要手段，更是企业对营运资本的一种投资（Groth，1992；Fairfield et al.，2003；Zhang，2007）。从实物期权角度看，研究营运资本投资与环境不确定性之间的关系是学者的关注重点（Bernanke，1983；Caballero，1991；Guiso and Parigi，1999）。基于此，可从实物期权角度研究应计项目与环境不确定性间的关系。由于投资行为的不可逆性，必然存在沉没成本。企业在等待之后进行投资，实际上放弃了可能的收益,为等待付出了成本。投资时点取决于资本波动的边际效率,由于投资存在沉没成本且不可逆,投资者会在当前和未来投资间进行博弈,选择最佳的投资机会。Bernanke(1983)认为,资本波动的边际效率不仅取决于投资对象的数量以及成本,同时也取决于投资者对投资对象未来收益的期望。理性决策者将会衡量等待投资的机会成本与未来投资的收益,当两者相等时,投资行为便发生。因此,可将沉没成本视为企业付出的期权费,将投资行为的发生视为企业对实物期权的执行。郝威亚等(2016)认为环境不确定性提高时,企业会暂缓投资,等待信息进一步确认。根据实物期权理论,期权的价值与环境不确定性正相关。在环境不确定性程度较高时,推迟投资决策会带来更大的投资收益。基于此,提出如下假设:

假设 H_{10-1}:企业应计项目与环境不确定性负相关。

企业财务状况不同对企业的投资决策会产生不同影响。在企业陷入财务危机时,股东倾向进行更高水平的投资,而债权人倾向进行低水平投资(Eisdorfer,2008)。根据风险转移理论,在有限责任制下,当企业陷入财务危机时,投资的损失主要由债权人承担,而投资成功获得的收益则由股东享受。在企业面临财务危机时,债权人与股权人利益冲突明显,决策权由股东向债权人倾斜。出于自身利益考虑,理性的债权人会尽可能限制投资,降低风险。基于此,提出如下假设:

假设 H_{10-2}:企业应计项目与环境不确定性的负相关关系在陷入财务危机的企业中表现得更加明显。

不同企业会面临不同的营业周期。营业周期度量的是企业从开始投入资金生产到销售产品获得资金的平均时间。一般而言,当企业所处的营业周期较长时,企业决策所面临的风险更大。因此,在环境不确定性既定情况下,投资决策将更加审慎。此时,管理者会更倾向推迟投资决策,以获取更多的信息,减少投资所带来的不确定性。基于此,提出如下假设:

假设 H_{10-3}:企业应计项目与环境不确定性的负相关关系在营业周期较长的企业中表现得更加明显。

应计项目按其构成可以分为资产和负债两部分。投资行为直接导致企业资产增加,而企业只有通过外部融资才会使负债增加。因此,投资决策对资产部分的影响是直接的,而对负债部分的影响是间接的。基于此,提出如下假设:

假设 H_{10-4}:企业应计项目资产部分与环境不确定性的负相关关系明显强于企业应计项目负债部分与环境不确定性的负相关关系。

10.3 研究设计

10.3.1 样本选取

本章主要研究区间为 2003~2016 年共 14 年时间，考虑到变量会滞后一期，故从 2002 年开始搜集数据。研究样本为 A 股上市公司，由于金融企业、公共事业企业以及 ST 企业的特殊性，故予以剔除。同样为了更好地进行研究，将数据缺失的企业予以剔除，最后得到的样本数据总量为 15 257。所有数据来自国泰安金融数据库。

10.3.2 变量定义

1. 应计项目

应计项目（Accrual）可以通过应收项目（Rec）、存货（Inve）及应付项目（Pay）计算得到。考虑企业规模对应计项目影响，选用应计项目与总资产（Assets）比值作为应计项目替代指标。具体计算如下：

$$Accrual=（Rec+Inve-Pay）/Assets$$

为进一步研究不确定性对应计项目各组成部分影响，将应计项目分成资产（Ass）和负债（Liab）两部分。其中，应收项目和存货是应计项目资产部分，应付项目是应计项目负债部分。参考上文做法，剔除企业规模影响。具体计算如下：

$$Ass=（Rec+Inve）/Assets$$
$$Liab=Pay/Assets$$

2. 外部环境不确定性

股价通常会受到投机行为及投资者情绪影响，因此股价波动并不能完全反映企业经营所面临的不确定性。即使如此，投机行为以及投资者情绪仅会导致短期股价波动，长期看，股价波动仍能够很好地反映企业经营状况（Eisdorfer，2008；段鸿斌和杨光，2009）。基于此，运用股票条件波动率衡量企业面临的外部环境不确定性具有一定合理性。借鉴 Arif 等（2016）的研究，使用企业股票对数收益率差值并结合 GARCH 模型计算的年波动率（Vol）作为外部环境不确定性变量。

企业股票条件波动率能反映企业面临的外部环境波动,但是国内目前没有使用条件波动率作为衡量企业面临的外部环境不确定性指标。外部环境不确定性会引起企业内部销售收入波动。为确保研究的严谨性,引入剔除行业因素的非正常销售收入标准差(Asdr)同时作为环境不确定性测度指标。销售收入通常分为正常收入和非正常收入两部分。正常收入是企业稳定增长所带来的,而非正常销售收入的标准差是外部环境不确定性的良好近似。借鉴申慧慧等(2012),利用过去五年剔除行业影响的非正常收入标准差衡量外部环境不确定性。具体计算如下:

$$Sale = \beta_0 + \beta_1 Year + \varepsilon$$

其中,Sale 为销售收入,Year 为年份,ε 为非正常收入。以过去五年非正常收入标准差除以销售收入均值作为未经行业调整的环境不确定性变量,进一步将未经行业调整的环境不确定性变量除以行业中企业未调整的环境不确定性变量的中位数作为剔除行业因素的环境不确定性变量。

3. 调节变量

考虑不同边界条件(财务状况、营业周期)对应计项目与环境不确定性间关系的影响,设置财务状况、营业周期虚拟变量以及与环境不确定性的交乘项。具体设置如下。

(1)企业的财务状况(Healthy):采用国际通用的 Z 分数作为财务状况的判断标准,构造企业财务状况虚拟变量。当 Z 分数大于 2.56 时,若企业财务状况健康,则变量取值为 1,其他情况取值为 0。

(2)财务状况与环境不确定性的交乘项(EuHealthy):该变量为 Healthy 与环境不确定的测度指标乘积,用以测度财务状况对环境不确定性与应计项目之间关系的影响。

(3)营业周期(Opc):借鉴 Dechow(1994),对企业营业周期长短进行度量。具体在测度此变量时,将各个企业营业周期的中位数设置为 0,按各个企业营业周期分位数将其转化为(-0.5,0.5)之间的数值。

(4)营业周期与环境不确定性的交乘项(EuOpc):该变量为企业营业周期与企业面临的环境不确定性相乘得到的交乘项,主要用来测度营业周期对环境不确定性与应计项目之间关系的影响。

4. 控制变量

为保证研究结果不受企业以及外部其他因素的影响,引入控制变量:企业市场价值对数（lnMV）、市账比（MB）、杠杆率（Leverage）、自由现金流（CFFO）、经济衰退指标（NoRecession）[①]、利率（Int）、年收益率（YearReturn）[②]、年固定效应（YearFixed）。

10.3.3 模型设定

为检验企业应计项目与环境不确定性间的关系，选取企业股票收益条件波动率（Vol）以及剔除行业因素的非正常销售收入标准差（Asdr）衡量环境不确定性。两个环境不确定性衡量指标值越高，表明企业面临的环境不确定性越大。

$$Accrual_{i,t} = \alpha + \beta_1 Eu_{k,i,t-1} + \beta_2 \ln MV_{i,t-1} + \beta_3 MB_{i,t-1}$$
$$+ \beta_4 Leverage_{i,t-1} + \beta_5 CFFO_{i,t-1} + \beta_6 NoRecession_{i,t} \quad （10-1）$$
$$+ \beta_7 Int_{i,t} + \varepsilon_{i,t}$$

其中，Eu 为环境不确定性变量，具体形式为 Vol 和 Asdr。本章主要关注环境不确定系数 β_1。若环境不确定性与企业应计项目负相关，则 β_1 显著为负，否则假设不成立。更进一步，企业应计项目改变不仅反映企业对营运资本的投资，同时反映企业日常运营的基本情况。通过引入年度收益率和年度固定效应控制变量，控制企业超过预期部分对应计项目的可能影响以及不同年份中其他可能出现的宏观经济扰动，进而更好地解释企业应计项目与环境不确定性间的关系。

$$Accrual_{i,t} = \alpha + \beta_1 Eu_{k,i,t-1} + \beta_2 \ln MV_{i,t-1} + \beta_3 MB_{i,t-1}$$
$$+ \beta_4 Leverage_{i,t-1} + \beta_5 CFFO_{i,t-1} + \beta_6 NoRecession_{i,t} \quad （10-2）$$
$$+ \beta_7 Int_{i,t} + \beta_8 YearReturn_{i,t-1} + YearFixed + \varepsilon_{i,t}$$

为验证企业面临着财务危机对企业应计项目与环境不确定性间的关系是否具有影响，引入虚拟变量 Healthy 及其与环境不确定性变量的交乘项。

$$Accrual_{i,t} = \alpha + \beta_1 Eu_{k,i,t-1} + \beta_2 Healthy_{i,t-1} + \beta_3 Eu_{k,i,t-1} Healthy_{i,t-1}$$
$$+ \beta_4 \ln MV_{i,t-1} + \beta_5 MB_{i,t-1} + \beta_6 Leverage_{i,t-1} + \beta_7 CFFO_{i,t-1}$$
$$+ \beta_8 NoRecession_{i,t} + \beta_9 Int_{i,t} + \beta_{10} YearReturn_{i,t-1} + YearFixed + \varepsilon_{i,t}$$
$$（10-3）$$

在该模型中，关注系数 β_1 的同时，更加关注交乘项系数 β_3。若系数 β_3 显著为正，表明环境不确定性与企业应计项目间的负相关关系在财务状况陷入危机的企业中更加明显；若系数 β_3 显著为负，则说明环境不确定性与企业应计项目之间

[①] 该变量表示当年经济情况。以 1996 年的经济状况为比较基准，经济相对衰退时取值为 0，经济相对繁荣时取值为 1。

[②] 该变量为企业的年度收益率，控制企业可能面临的非预期需求对应计项目影响。

的负相关关系在财务状况健康的企业中表现得更为明显；若系数 β_3 不显著，表明财务状况好坏对环境不确定性与企业应计项目间的关系并没有影响。

为验证企业营业周期长短对企业应计项目与环境不确定性间的关系是否具有影响，引入虚拟变量 Opc 及其与环境不确定性变量的交乘项。

$$\begin{aligned}\text{Accrual}_{i,t} = &\alpha + \beta_1 \text{Eu}_{k,i,t-1} + \beta_2 \text{Opc}_{i,t-1} + \beta_3 \text{Eu}_{k,i,t-1}\text{Opc}_{i,t-1} + \beta_4 \ln\text{MV}_{i,t-1} \\ &+ \beta_5 \text{MB}_{i,t-1} + \beta_6 \text{Leverage}_{i,t-1} + \beta_7 \text{CFFO}_{i,t-1} + \beta_8 \text{NoRecession}_{i,t} \\ &+ \beta_9 \text{Int}_{i,t} + \beta_{10} \text{YearReturn}_{i,t-1} + \text{YearFixed} + \varepsilon_{i,t}\end{aligned}$$（10-4）

在该模型中，主要关注交乘项系数 β_3。如果系数显著为正，说明对营业周期较长的企业，环境不确定性与应计项目之间的负相关关系弱于营业周期较短的企业。如果该回归系数不显著，则说明环境不确定性与应计项目之间的关系并不显著。

为验证企业应计项目不同组成部分与环境不确定性间的关系，将应计项目分为资产与负债两部分。若前文假设正确，则应计项目资产部分与环境不确定性间的系数 β_1 比应计项目负债部分与环境不确定性间的系数负值更大，并且这种差距是显著的。

$$\begin{aligned}\text{Ass}_{i,t} = &\alpha + \beta_1 \text{Eu}_{k,i,t-1} + \beta_2 \ln\text{MV}_{i,t-1} + \beta_3 \text{MB}_{i,t-1} \\ &+ \beta_4 \text{Leverage}_{i,t-1} + \beta_5 \text{CFFO}_{i,t-1} + \beta_6 \text{NoRecession}_{i,t} \\ &+ \beta_7 \text{Int}_{i,t} + \beta_8 \text{YearReturn}_{i,t-1} + \text{YearFixed} + \varepsilon_{i,t}\end{aligned}$$（10-5）

$$\begin{aligned}\text{Liab}_{i,t} = &\alpha + \beta_1 \text{Eu}_{k,i,t-1} + \beta_2 \ln\text{MV}_{i,t-1} + \beta_3 \text{MB}_{i,t-1} \\ &+ \beta_4 \text{Leverage}_{i,t-1} + \beta_5 \text{CFFO}_{i,t-1} + \beta_6 \text{NoRecession}_{i,t} \\ &+ \beta_7 \text{Int}_{i,t} + \beta_8 \text{YearReturn}_{i,t-1} + \text{YearFixed} + \varepsilon_{i,t}\end{aligned}$$（10-6）

10.4 实证结果分析

10.4.1 描述性统计分析

2001年颁布的《企业会计制度》规范了企业计提减值准备行为，并对资产进行重新定义，如资产负债表中剔除虚拟资产、企业应当按照实际使用情况对资产进行折旧等。这一系列新规定，在一定程度上限制了企业利用应计项目进行盈余管理的行为，提高了企业会计盈余质量。因此，应计项目在此后一段时间呈下降趋势。2007年颁布的新《企业会计准则》引入公允价值计量，并提出企业会计制度灵活选择的原则。因此，应计项目在此后一段时间内呈上升趋势。从应计项目与外部环境不确定性（股票收益条件波动率和非正常销售收入标准差）的关系来看，呈现负相关关系。该结论表明本章提出的企业应计项目与环境不确定性间呈负相关关系的假设具有一定合理性。

表 10-1 为相关变量描述性统计结果。其中，应计项目均值和中位数分别为 0.007、0.003，表明大部分企业具有正的营运资本投资。从环境不确定性角度看，企业面临的条件波动率的均值和中位数分别为 0.032、0.029，非正常销售收入标准差的均值和中位数分别为-0.400、-0.081，表明二者在衡量不确定性上具有一定差别。应计项目资产部分均值和中位数分别为 0.268、0.250，而负债部分均值和中位数分别为 0.116、0.088，说明企业应计项目资产占比相对较大。企业财务状况分位数均值和中位数分别为 4.716、2.286，以 2.56 标准来看，大部分企业财务状况堪忧。营业周期均值和中位数分别为-0.003、-0.002，表明大部分企业营业周期相对较短。

表 10-1 描述性统计

变量	均值	标准差	中位数	25%分位数	75%分位数	最小值	最大值
Accrual	0.007	0.101	0.003	-0.043	0.061	-0.931	0.441
Ass	0.268	0.154	0.250	0.150	0.367	0.000	0.935
Liab	0.116	0.099	0.088	0.448	0.160	0.000	1.011
Vol	0.032	0.022	0.029	0.024	0.037	0.000	2.083
Asdr	-0.400	29.658	-0.081	-0.212	-0.012	-3 470.787	614.533
lnMV	-7.132	1.147	-7.140	-7.822	-6.458	-13.363	0.060
MB	3.823	53.748	1.476	0.829	2.684	-3 110.371	3 473.939
Leverage	2.207	9.601	1.830	1.412	2.518	-853.183	329.412
CFFO	5.100	53.600	1.450	-0.012	4.670	-283.000	4 520.000
Prior	100.434	1.925	100.240	98.490	101.500	97.900	105.400
Int	0.061	0.020	0.056	0.046	0.074	0.025	0.103
YearReturn	0.514	0.445	0.415	0.284	0.627	-0.378	24.051
Zscore	4.716	90.237	2.286	1.402	4.236	-9 889.222	2 819.161
Opc	-0.003	0.288	-0.002	-0.252	0.245	-0.500	0.500

注：其中 Zscore 为国际上通用的衡量企业财务状况的 Z 分位数。Prior 为经济衰退指标，以 100 为基准，大于 100 时，经济处于繁荣期，小于 100 时，经济处于衰退期

表 10-2 为变量的相关性分析。应计项目与企业股票条件波动率以及非正常收入标准差间相关系数分别为-0.01、-0.019，在一定程度上支持了本章的假设，即应计项目与环境不确定性间存在负相关关系。企业财务状况 Z 分位数与应计项目间的相关系数为-0.022，表明财务状况恶化的企业具有更高的应计项目。与此同时，企业营业周期与应计项目之间相关系数为 0.297，说明营业周期越长的企业具有更高的应计项目。此外，控制变量与应计项目间相关系数显著，表明控制变量的选取具有一定合理性。

表 10-2　变量相关系数

变量	Accrual	Ass	Liab	Vol	Asdr	lnMV	MB	Leverage	CFFO	Prior	Int	YearReturn	Zscore	Opc
Accrual	1													
Ass	0.158***	1												
Liab	−0.249***	0.381***	1											
Vol	−0.01*	−0.017**	0.009	1										
Asdr	−0.019**	−0.006	0.01	0.001	1									
lnMV	0.078***	−0.047***	−0.061***	0.037***	−0.012	1								
MB	−0.001	0.015*	−0.002	−0.01	−0.019**	0.125***	1							
Leverage	−0.023***	0.015*	0.011	−0.005	−0.005	−0.040***	0.536***	1						
CFFO	−0.032***	−0.011	0.015*	0.006	0.002	−0.114***	−0.005	−0.001	1					
Prior	−0.049***	0.001	0.013	0.017**	−0.005	−0.012	−0.012	0.009	−0.012	1				
Int	0.043***	0.049***	0.003	−0.120***	0.005	−0.061***	0.004	−0.002	−0.008	−0.547***	1			
YearReturn	−0.006	0.007	0.017**	0.004	−0.001	0.143***	0.011	−0.005	0	0.026***	−0.079***	1		
Zscore	−0.022***	−0.021*	−0.008	0.003	0.007	−0.032***	0.002	0	0.009	−0.012	0	0.006	1	
Opc	0.297***	0.228***	−0.081***	−0.005	−0.028***	0.023***	−0.001	0.002	−0.017**	−0.017*	−0.028***	0.041***	−0.005	1

***、**和*分别表示在1%、5%和10%的水平下显著

注：该检验为Pearson相关系数检验

10.4.2 应计项目与环境不确定性的关系

考虑 2007 年会计制度改革影响，分别以 2003~2016 年和 2007~2016 年为样本区间进行回归检验。表 10-3 列示了具体结果。以 2003~2016 年为样本区间，考察企业条件波动率与应计项目之间的关系。根据回归结果可知，企业条件波动率与应计项目之间的回归系数为-0.054 4，并在 1%的显著性水平下成立。加入企业年收益率及固定效应之后，企业条件波动率与应计项目的回归系数为-0.030 0，且在 5%的显著性水平下成立。以 2007~2016 年为样本区间进行检验，企业条件波动率与应计项目之间的回归系数为-0.038 5，并在 1%的显著性水平下成立，在加入企业年收益率及固定效应之后，回归系数为-0.028 7，并在 5%的显著性水平下成立。上述结论在以非正常销售收入标准差代表的企业不确定性与应计项目回归检验中，结论依然成立。因此，可以认为企业应计项目与环境不确定性之间存在显著的负相关关系，即企业面临较高的环境不确定性时，将更有可能暂缓对营运资本投资，进而导致应计项目水平下降，并且这种关系在 2007 年会计制度改革前后保持一致。

表 10-3 应计项目与环境不确定性的关系

变量	时间区间							
	2003~2016 年		2007~2016 年		2003~2016 年		2007~2016 年	
Vol	-0.054 4*** (-4.25)	-0.030 0** (-2.31)	-0.038 5*** (-3.12)	-0.028 7** (-2.24)				
Asdr					-0.004 1** (-2.51)	-0.006*** (-3.52)	-0.107*** (-11.84)	-0.072 3*** (-7.84)
lnMV	0.002 74*** (3.59)	0.001 22 (1.21)	0.002 49*** (3.02)	0.001 41 (1.29)	0.097 9** (2.22)	0.257*** (2.63)	-0.116** (-2.16)	-0.401*** (-3.05)
MB	0.000 014 8 (1.12)	0.000 016 (1.27)	0.000 010 2 (0.86)	0.000 012 (1.00)	0.001 08 (0.17)	0.027 1*** (4.12)	-0.003 12 (-0.33)	-0.011 6 (-1.13)
Leverage	-0.000 128* (-1.84)	-0.000 11* (-1.68)	-0.000 17** (-2.08)	-0.000 15* (-1.86)	0.000 008 5 (0.01)	0.000 063 (0.05)	-0.000 056 4 (-0.04)	0.001 03 (0.72)
CFFO	0.021 4*** (4.10)	0.007 00 (1.32)	0.016 1*** (3.21)	0.012 4** (2.41)	0.000** (-2.39)	0.000 (0.99)	0.000** (2.09)	0.000 (-0.59)
NoRecession	0.003 7*** (3.12)	0.022 5*** (5.50)	-0.004 4*** (-4.03)	-0.005 4** (-2.01)	0.122 (1.20)	-0.208 (-0.52)	-0.113 (-0.92)	0.551* (1.70)
Int	0.002 38 (0.08)	0.203*** (6.89)	0.146*** (5.58)	0.144*** (5.53)	0.779 (0.31)		-0.924 (-0.32)	0.172 897 (-0.07)
YearReturn		-0.000 09 (-0.06)		0.000 155 (0.12)		0.028 6 (0.21)		-0.084 2 (-0.53)
YearFixed		控制		控制		控制		控制
常数项	0.035 7*** (5.99)	0.016 6** (2.14)	0.025 3*** (4.08)	0.020 7** (2.52)	0.235 (0.67)	1.368* (1.85)	-0.343 (-0.82)	-2.447** (-2.48)

***、**和*分别表示在1%、5%和10%的水平下显著

10.4.3 财务状况对应计项目与环境不确定性间关系的影响

通过之前分析,可知企业应计项目与环境不确定性之间存在显著负相关关系,为进一步研究财务状况对这种关系的影响,引入财务状况虚拟变量进行分析。表10-4列示了具体结果。根据回归结果,在没有控制企业年收益率及固定效应时,企业应计项目与条件波动率之间的系数为-0.194,并且在1%的显著性水平下成立。由此可见,在加入财务状况之后,环境不确定性与应计项目之间的负相关关系依旧成立。企业条件波动率与财务状况交乘项系数为0.154,并且在1%的显著性水平下成立。交乘项回归结果说明,环境不确定性与应计项目二者之间的负相关关系在财务状况较差的企业中表现得更加明显。在控制企业年收益率及固定效应的情况下,分别对以企业条件波动率和非正常收入标准差代表的不确定性与应计项目进行回归检验,上述结论依然成立。因此,财务状况对企业应计项目与环境不确定性间的关系存在正向影响,即财务状况对企业应计项目与环境不确定性之间的负相关关系具有削弱作用。以上结论可知,财务状况恶化的企业应计项目与环境不确定性间的负相关关系比财务状况健康的企业更加明显,说明陷入财务危机的企业将会进行更少的营运资本投资,导致应计项目减少。

表 10-4 财务状况对应计项目与环境不确定性间关系的影响

变量	回归结果		
Vol	-0.194*** (-6.94)	-0.095 7*** (-3.41)	
Vol × Healthy	0.154*** (5.33)	0.069 2** (2.38)	
Asdr			-0.004 93*** (-2.86)
Asdr × Healthy			0.026 6*** (3.02)
Healthy	0.009 49*** (5.98)	0.011 3*** (6.79)	0.219 (1.41)
lnMV	0.000 814 (1.03)	-0.000 040 4 (-0.04)	0.242** (2.47)
Leverage	-0.000 118* (-1.70)	-0.000 099 2 (-1.46)	0.027 3*** (4.15)
MB	0.000 015 4 (1.17)	0.000 016 8 (1.31)	0.000 072 7 (0.06)
CFFO	0.000** (-2.10)	0.000 (0.12)	0.000 (1.04)
NoRecession	0.004 19*** (3.62)		-0.253 (-0.63)

续表

变量	回归结果		
Int	0.021 4 (0.76)	0.023 73 (0.26)	0.778 273 5 (0.31)
YearReturn		−0.000 586 (−0.41)	0.015 5 (0.11)
YearFixed		Yes	Yes
常数项	0.018 2*** (2.91)	−0.008 94 (−1.25)	1.133 (1.49)

***、**和*分别表示在1%、5%和10%的水平下显著

10.4.4 营业周期对应计项目与环境不确定性间关系的影响

为考察营业周期对企业应计项目与环境不确定性间关系的影响，引入营业周期虚拟变量以及环境不确定性变量与营业周期交乘项。表10-5列示了具体结果。首先从企业在股票上的收益率波动率的角度分析环境不确定与应计项目之间的关系。在不考虑企业年收益率及固定效应的情况下，企业应计项目与条件波动率之间的系数为−0.03，并且在5%的显著性水平下成立。企业条件波动率与营业周期交乘项系数为0.988，并且在1%的显著性水平下成立。在考虑企业年收益率及固定效应的情况下，分别对以条件波动率和非正常收入标准差代表的环境不确定性与企业应计项目进行回归检验，以上结论依然成立。因此，营业周期对企业应计项目与环境不确定性间的负相关关系具有一定削弱作用。企业营业周期较长将会减弱企业应计项目与环境不确定性的反向关系，而且在一定程度上会使得两者间的关系变为正向关系。上述结论与前文假设是不一致的。正如前文所述，应计项目不仅是对营运资本的一种投资，更是企业进行盈余管理的一种重要手段。当企业面临的环境不确定性较高时，企业管理者将更有可能利用应计项目进行盈余管理，从而导致应计项目水平的提升。

表10-5 营业周期对应计项目与环境不确定性间关系的影响

变量	回归结果	
Vol	−0.03** (−2.43)	−0.025 7** (−2.02)
Vol × Opc	0.988*** (9.89)	0.761*** (7.41)
Asdr		−0.091 1*** (−6.78)
Asdr × Opc		0.084* (1.93)

续表

变量	回归结果		
Opc	0.032 5*** (7.42)	0.013 1*** (2.72)	0.135 (0.25)
lnMV	0.003 44*** (4.22)	0.002 07* (1.91)	0.402*** (3.05)
Leverage	−0.000 180** (−2.13)	−0.000 162* (−1.92)	0.011 4 (1.12)
MB	0.000 008 50 (0.72)	0.000 011 5 (0.97)	−0.001 04 (−0.72)
CFFO	0.018 2*** (3.63)	0.013 2** (2.57)	0.000 (0.59)
NoRecession	−0.002 19** (−1.99)	−0.004 35 (−1.61)	−0.543* (−1.67)
Int	0.171*** (6.55)	0.079 8*** (2.86)	1.030 124 (0.35)
YearReturn		0.000 053 7 (0.04)	0.082 8 (0.52)
YearFixed		Yes	Yes
常数项	0.027 9*** (4.58)	0.025 6*** (3.13)	2.471** (2.50)

***、**和*分别表示在1%、5%和10%的水平下显著

10.4.5 应计项目资产和负债部分与环境不确定性的关系

将企业应计项目分为资产和负债两部分，进一步探讨各部分与环境不确定性的关系。表 10-6 列示了具体结果。其中，企业应计项目资产部分与条件波动率和非正常销售收入标准差系数分别为 −0.042 1、−0.000 029 9，且分别在 5%、1%的显著性水平下成立。但是，企业应计项目负债部分与条件波动率和非正常销售收入标准差系数分别为 0.000 348、0.000 052，且不显著。从以上结果可知，企业应计项目与环境不确定性的负相关关系主要由资产部分决定，并且资产部分与环境不确定性的负相关关系明显强于负债部分。

表 10-6 应计项目资产和负债部分与环境不确定性的关系

变量	应计项目资产部分		应计项目负债部分	
Vol	−0.042 1** (−2.32)		0.000 348 (0.03)	
Asdr		−0.000 029 9*** (−2.62)		0.000 052 (1.53)
lnMV	−0.004 72*** (−3.51)	−0.000 831 (−1.26)	−0.002 67*** (−3.07)	−0.001 64 (−0.97)

续表

变量	应计项目资产部分		应计项目负债部分	
MB	0.000 014 1 (0.82)	−0.000 004 40 (−0.52)	−0.000 031*** (−2.72)	−0.000 026 0 (−1.21)
Leverage	0.000 115 (1.28)	0.000 036 1 (0.81)	0.000 099 8* (1.72)	−0.000 132 (−1.16)
CFFO	0.000*** (−6.10)	0.000 (1.42)	0.000 (−1.11)	0.000 (1.30)
NoRecession	0.009 42* (1.94)	0.007 31*** (2.74)	−0.013 0*** (−4.13)	−0.061 6*** (−9.07)
Int	0.054 9*** (7.68)	−0.006 09** (−2.30)		0.404*** (11.01)
YearReturn	−0.000 669 (−0.36)	0.000 653 (0.70)	0.000 485 (0.40)	0.000 688 (0.29)
YearFixed	Yes	Yes	Yes	Yes
常数项	0.242*** (25.98)	−0.005 85 (−1.17)	0.103*** (17.12)	−0.011 1 (−0.85)

***、**和*分别表示在1%、5%和10%的水平下显著

10.4.6 稳健性检验

企业应计项目分为可操纵应计项目和不可操纵应计项目两部分。上文的研究主要验证了企业应计项目与环境不确定性之间的关系,但是并没有说明这种负相关关系究竟是企业进行实际投资的结果,还是企业为操纵利润而进行盈余管理的结果。因此,有必要进一步对这种负相关关系进行检验。根据Jones(1991)提出的划分可操纵应计项目和不可操纵应计项目的方法,计算企业应计项目的不可操纵部分。

$$\text{Naccrual}_{i,t} = \beta_1 1/\text{AT}_{i,t-1} + \beta_2 (\Delta\text{sales} - \Delta\text{AR})_{i,t-1} + \beta_3 \text{PPE}_{i,t-1} + \beta_4 \text{ROA}_{i,t-1} + \varepsilon_{i,t-1} \quad (10\text{-}7)$$

其中,AT、AR、PPE、ROA分别代表企业的总资产、应收账款、固定资产、资产收益率。

表10-7列示了具体结果。其中,不可操纵应计项目与条件波动率的系数为−0.028 4,并且在1%的显著性水平下成立。与之前企业应计项目与条件波动率的负相关关系相比,不可操纵应计项目与条件波动率的负相关关系更加显著。但是,不可操纵应计项目与非正常销售收入标准差之间并不存在显著的负相关关系。这主要是由于使用剔除行业影响的5年非正常销售收入标准差衡量长期不确定性,而不可操纵应计项目是企业短期投资,因而结果会有一定偏差。

表 10-7　应计项目不可操纵部分与环境不确定性的关系

变量	回归结果	
Vol	−0.028 4*** (−4.39)	
Asdr		−0.000 024 7 (−1.00)
lnMV	0.001 16*** (4.40)	−0.001 96 (−1.10)
Leverage	0.000 034 3 (1.49)	−0.000 046 4 (−0.31)
MB	−0.000 000 899 (−0.10)	0.000 089 7 (1.48)
CFFO	−0.000** (−2.40)	−0.000*** (−5.88)
NoRecession	−0.003 45*** (−10.70)	0.02*** (8.96)
Int	0.062 2*** (7.65)	0.429*** (7.78)
常数项	0.159*** (80.39)	0.101*** (7.25)

***、**分别表示在1%、5%的水平下显著

10.5　结论和建议

　　企业在进行投资时，通常需要付出一定的成本，并且投资行为是不可逆的。因此，面对外部不确定的环境，企业管理者为达到控制风险以及收益最大化的目的，会对投资进行审慎决策。本章在实物期权理论基础上，将企业应计项目视为对营运资本投资，进而探讨环境不确定性对企业应计项目的影响。研究发现，环境不确定性与应计项目之间存在显著的负相关关系，表明实物期权理论适用于短期投资，即环境不确定性较高时会抑制企业的短期投资，导致企业应计项目水平较低。进一步研究发现，在条件不同的企业中，环境不确定性对企业应计项目的影响存在明显的差异。在企业财务状况恶化时，环境不确定性与企业应计项目的负相关关系更加明显。主要由于债权人更多地掌握了企业决策话语权，为保全自身利益，会尽可能减少企业投资。这也说明"风险转移"现象不仅仅适用于长期投资，对于短期投资同样适用。但是，较长的营业周期并没有加强应计项目与环境不确定性间的负相关关系，反而减弱了。这主要有两方面原因，一是营业周期较长时，企业会更多地减少长期投资，从而增加相应的短期投资；二是营业周期较长时，企业管理者灵活性更高，更有可能

利用应计项目进行盈余管理。此外，应计项目资产部分与环境不确定性有显著的负相关关系，而负债部分不具有显著关系，说明应计项目与环境不确定性间的负相关关系主要由资产部分决定。

应计项目作为对营运资本投资的工具，对其进行有效管理可以增强企业的灵活性和流动性。随着我国与世界经济联动的进一步加强，实体经济受到的外部冲击也在不断增加，正视环境不确定性与投资之间的关系对实体经济的运行有重要的意义。企业面临的最主要的环境不确定性因素即政策不确定性，政策的频繁变动有可能改变企业对外部经济不确定性的预期，影响企业对应计项目的管理。因此，政府在进行宏观调控时应当注意政策变更可能造成的负面影响。

参 考 文 献

陈德球，陈运森，董志勇. 2017. 政策不确定性、市场竞争与资本配置. 金融研究，（11）：65-80.

陈德球，金雅玲，董志勇. 2016. 政策不确定性、政治关联与企业创新效率. 南开管理评论，（4）：27-35.

陈栋，陈运森. 2012. 银行股权关联、货币政策变更与上市公司现金管理. 金融研究，（12）：122-136.

陈国进，王少谦. 2016. 经济政策不确定性如何影响企业投资行为. 财贸经济，（5）：5-21.

陈国进，张润泽，赵向琴. 2017. 政策不确定性、消费行为与股票资产定价. 世界经济，（1）：116-147.

陈国进，张润泽，赵向琴. 2018. 经济政策不确定性与股票风险特征. 管理科学学报，（4）：1-27.

陈浪南，朱杰，熊伟. 2014. 时变贝塔条件下的基金多市场择时能力研究. 管理科学学报，（2）：58-68.

陈胜蓝，刘晓玲. 2018. 经济政策不确定性与公司商业信用供给. 金融研究，（5）：172-190.

陈艳艳，程六兵. 2018. 经济政策不确定性、高管背景与现金持有. 上海财经大学学报，（6）：94-108.

陈艳艳，罗党论. 2012. 地方官员更替与企业投资. 经济研究，（S2）：18-30.

代光伦，邓建平，曾勇. 2012. 货币政策、政府控制与企业现金持有水平的变化. 投资研究，（11）：45-60.

邓康林，刘名旭. 2013. 环境不确定性、财务柔性与上市公司现金股利. 财经科学，（2）：46-55.

邓思依. 2018. 政治不确定性对上市公司现金持有水平的影响. 中国经济问题，（5）：55-67.

段鸿斌，杨光. 2009. 股票市场与经济增长：基于中国的经验分析. 中央财经大学学报，（12）：31-36.

顾乃康，万小勇，陈辉. 2010. 宏观经济条件、融资约束与现金持有水平. 中大管理研究，

（5）：33-53.

顾夏铭，陈勇民，潘士远. 2018. 经济政策不确定性与创新——基于我国上市公司的实证分析. 经济研究，（2）：109-123.

郭平. 2016. 政策不确定性与企业研发投资："延迟效应"还是"抢占效应"——基于世界银行中国企业调查数据的分析. 山西财经大学学报，（10）：1-12.

韩立岩，刘博研. 2010. 公司治理、不确定性与流动性管理. 世界经济，（2）：141-160.

韩亮亮，佟钧营，马东山. 2019. 经济政策不确定性与创新产出——来自 21 个国家和地区的经验证据. 工业技术经济，（1）：11-18.

郝威亚，魏玮，温军. 2016. 经济政策不确定性如何影响企业创新?——实物期权理论作用机制的视角. 经济管理，（10）：40-54.

贾盾，孙溪，郭瑞. 2019. 货币政策公告、政策不确定性及股票市场的预公告溢价效应——来自中国市场的证据. 金融研究，（7）：76-95.

贾倩，孔祥，孙铮. 2013. 政策不确定性与企业投资行为——基于省级地方官员变更的实证检验. 财经研究，（2）：81-91.

蒋腾，张永冀，赵晓丽. 2018. 经济政策不确定性与企业债务融资. 管理评论，（3）：29-38.

靳庆鲁，孔祥，侯青川. 2012. 货币政策、民营企业投资效率与公司期权价值. 经济研究，（5）：96-106.

寇恩惠，戴敏. 2019. 政策不确定性与地方政府研发补贴. 中央财经大学学报，（4）：3-15.

雷光勇，王文忠，刘茉. 2015. 政治不确定性、股利政策调整与市场效应. 会计研究，（4）：33-39.

李凤羽，史永东. 2016. 经济政策不确定性与企业现金持有策略——基于中国经济政策不确定指数的实证研究. 管理科学学报，（6）：157-170.

李凤羽，杨墨竹. 2015. 经济政策不确定性会抑制企业投资吗?——基于中国经济政策不确定指数的实证研究. 金融研究，（4）：115-129.

李敬子，刘月. 2019. 贸易政策不确定性与研发投资：来自中国企业的经验证据. 产业经济研究，（6）：1-13.

李培功，肖珉. 2012. CEO 任期与企业资本投资. 金融研究，（2）：127-141.

李思飞，王珊珊，邓鸽. 2014. 现金流不确定性与现金股利决策——来自中国上市公司的经验证据. 中国经济问题，（1）：96-106.

连玉君，彭方平，苏治. 2010. 融资约束和流动性管理行为. 金融研究，（10）：158-171.

梁权熙，田存志，詹学斯. 2012. 宏观经济不确定性、融资约束与企业现金持有行为——来自中国上市公司的经验证据. 南方经济，（4）：3-16.

刘朝晖. 2002. 外部套利、市场反应与控股股东的非效率投资决策. 世界经济，（7）：71-79.

刘贯春，段玉柱，刘媛媛. 2019. 经济政策不确定性、资产可逆性与固定资产投资. 经济研究，（8）：53-70.

刘婧, 罗福凯, 王京. 2019. 环境不确定性与企业创新投入——政府补助与产融结合的调节作用. 经济管理, (8): 21-39.

刘柳, 屈小娥. 2019. 经济政策不确定性、地区金融结构与企业研发投入. 当代经济科学, (6): 1-14.

刘星, 曾宏. 2002. 我国上市公司非理性投资行为: 表现、成因及治理. 中国软科学, (1): 65-69.

陆庆春, 卢小广. 2008. 宏观经济因素对上市公司投资现金流影响的实证研究. 统计与决策, (12): 138-139.

陆庆春, 朱晓筱. 2013. 宏观经济不确定性与公司投资行为——基于时期随机效应的实证研究. 河海大学学报(哲学社会科学版), (1): 56-64.

罗党论, 廖俊平, 王珏. 2016. 地方官员变更与企业风险——基于中国上市公司的经验证据. 经济研究, (5): 130-142.

梅丹. 2009. 国有产权、公司治理与非效率投资. 证券市场导报, (4): 44-50.

孟庆斌, 师倩. 2017. 宏观经济政策不确定性对企业研发的影响: 理论与经验研究. 世界经济, (9): 75-98.

邱兆祥, 刘远亮. 2010. 宏观经济不确定性与银行资产组合行为: 1995-2009. 金融研究, (11): 34-44.

全怡, 梁上坤, 付宇翔. 2016. 货币政策、融资约束与现金股利. 金融研究, (11): 63-79.

饶品贵, 岳衡, 姜国华. 2017. 经济政策不确定性与企业投资行为研究. 世界经济, (2): 27-51.

申慧慧, 于鹏, 吴联生. 2012. 国有股权、环境不确定性与投资效率. 经济研究, (7): 113-126.

宋全云, 李晓, 钱龙. 2019. 经济政策不确定性与企业贷款成本. 金融研究, (7): 57-75.

宋玉禄, 陈欣. 2018. 激励还是抑制: 政策环境与研发投入——基于股权结构视角. 科技管理研究, (24): 134-143.

苏启林, 朱文. 2003. 上市公司家族控制与企业价值. 经济研究, (8): 36-91.

谭小芬, 张文婧. 2017. 经济政策不确定性影响企业投资的渠道分析. 世界经济, (12): 3-26.

田轩. 2018. 创新的资本逻辑: 用资本视角思考创新的未来. 北京: 北京大学出版社.

汪辉. 2003. 上市公司债务融资、公司治理与市场价值. 经济研究, (8): 28-35.

王红建, 李青原, 邢斐. 2014. 经济政策不确定性、现金持有水平及其市场价值. 金融研究, (9): 53-68.

温军, 冯根福, 刘志勇. 2011. 异质债务、企业规模与R&D投入. 金融研究, (1): 167-181.

吴伟军, 李铭洋. 2019. 中国经济政策不确定性对企业债务融资成本的影响. 当代财经, (11): 61-71.

解维敏, 方红星. 2011. 金融发展、融资约束与企业研发投入. 金融研究, (5): 171-183.

徐明东, 陈学彬. 2012. 中国工业企业投资的资本成本敏感性分析. 经济研究, (3): 40-53.

徐晓东, 王霞, 董元田. 2010. 大股东的所有权与企业的投资行为研究. 中大管理评论, (2): 26-47.

许天启, 张轶龙, 张睿. 2017. 政策不确定性与企业融资成本差异——基于中国EPU数据. 科研管理, (4): 113-122.

亚琨, 罗福凯, 李启佳. 2018. 经济政策不确定性、金融资产配置与创新投资. 财贸经济, (12): 95-110.

杨墨竹. 2013. ETF资金流、市场收益与投资者情绪——来自A股市场的经验证据. 金融研究, (4): 156-169.

杨瑞龙, 王元, 聂辉华. 2013. "准官员"的晋升机制：来自中国央企的证据. 管理世界, (3): 29-39.

应千伟, 罗党论. 2012. 授信额度与投资效率. 金融研究, (5): 151-163.

油晓峰. 2006. 我国上市公司负债融资与过度投资治理. 财贸经济, (10): 23-25.

余靖雯, 郭凯明, 龚六堂. 2019. 宏观政策不确定性与企业现金持有. 经济学（季刊）, (3): 987-1010.

张成思, 刘贯春. 2018. 中国实业部门投融资决策机制研究——基于经济政策不确定性和融资约束异质性视角. 经济研究, (12): 51-67.

张光利, 钱先航, 许进. 2017. 经济政策不确定性能够影响企业现金持有行为吗? 管理评论, (9): 15-27.

张光利, 许洋, 韩雅倩, 等. 2018. 经济政策不确定与企业融资约束. 投资研究, (6): 144-159.

张会丽, 吴有红. 2012. 超额现金持有水平与产品市场竞争优势——来自中国上市公司的经验证据. 金融研究, (2): 183-195.

张倩肖, 冯雷. 2018. 宏观经济政策不确定性与企业技术创新——基于我国上市公司的经验证据. 当代经济科学, (4): 48-57.

张宗新, 缪婧倩. 2012. 基金流量与基金投资行为——基于动态面板数据模型的实证研究. 金融研究, (4): 110-123.

周婷婷, 韩忠雪. 2010. 产品市场竞争与现金持有——基于高管变更的调节效应. 管理科学, (3): 2-13.

朱武祥. 2002. 上市公司募集资金投向决策分析. 证券市场导报, (4): 49-53.

祝继高, 王春飞. 2013. 金融危机对公司现金股利政策的影响研究——基于股权结构的视角. 会计研究, (2): 38-44.

Abel A B, Blanchard O J. 1986. Investment and sales: some empirical evidence. NBER Working Paper.

Abel A B, Eberly J C. 1999. The effects of irreversibility and uncertainty on capital accumulation.

Journal of Monetary Economics, 44 (3): 339-377.

Alti A. 2003. How sensitive is investment to cash flow when financing in frictionless. Journal of Finance, 58 (2): 707-772.

Arellano M, Bond S. 1991. Some tests of specification for panel data: Monte Carlo evidence and an application to employment equations. Review of Economic Studies, (58): 277-297.

Arif S, Marshall N, Yohn T L. 2016. Understanding the relation between accruals and volatility: a real options-based investment approach. Journal of Accounting & Economics, 62 (1): 65-86.

Atanassov J, Julio B, Leng T. 2015. The bright side of political uncertainty: the case of R&D. SSRN Electronic Journal.

Baker S R, Bloom N, Davis S J, et al. 2013. A measure of economic policy uncertainty for China. Work-in-Progress, University of Chicago.

Bargeron L L, Lehn K M, Zutter C J. 2010. Sarbanes-Oxley and corporate risk-taking. Journal of Accounting and Economics, 49 (1): 34-52.

Bar-Ilan A, Strange W C. 1996. Investment lags. American Economic Review, 86 (3): 610-622.

Baum C F, Caglayan M, Ozkan N. 2009. The second moments matter: the impact of macroeconomic uncertainty on the allocation of loanable funds. Economics Letters, (102): 87-89.

Baum C F, Caglayan M, Talavera O. 2008. Uncertainty determinants of firm investment. Economics Letters, 98 (3): 282-287.

Baum C F, Caglayan M, Talavera O. 2010. On the sensitivity of firms' investment to cash flow and uncertainty. Oxford Economic Papers, 62 (2): 286-306.

Belo F, Gala V D, Li J. 2013. Government spending, political cycles, and the cross section of stock returns. Journal of Financial Economics, 107 (2): 305-324.

Ben-Nasr H, Bouslimi L, Ebrahim S M, et al. 2019. Political uncertainty and the choice of debt sources. Journal of International Financial Markets, Institutions and Money, (64): 1-17.

Berger A N, Guedhami O, Kim H H, et al. 2017. Economic policy uncertainty and bank liquidity creation. SSRN Electronic Journal.

Bernanke B S. 1983. Irreversibility, uncertainty, and cyclical investment. The Quarterly Journal of Economics, 98 (1): 85-106.

Bernanke B S, Gertler M, Gilchrist S. 1999. The financial accelerator in a quantitative business cycle framework. Handbook of Macroeconomics, (1): 1341-1393.

Bhattacharya U, Hsu P, Tian X, et al. 2017. What affects innovation more: policy or policy uncertainty. Journal of Financial and Quantitative Analysis, 52 (5): 1869-1901.

Bloom N. 2009. The impact of uncertainty shocks. Econometrica, (77): 623-685.

Bloom N, Bond S, van Reenen J. 2007. Uncertainty and investment dynamics. The Review of

Economic Studies, 74 (2): 391-415.

Bond S R, Cummins J G. 2004. Uncertainty and investment: an empirical investigation using data on analysts prots forecasts. Social Science Research Network.

Boutchkova M, Doshi H, Durnev A, et al. 2012. Precarious politics and return volatility. Review of Financial Studies, 25 (4): 1111-1154.

Bradley D, Pantzalis C, Yuan X. 2013. Policy risk, corporate political strategies, and the cost of debt. Social Science Research Network.

Bradley M, Capozza D R, Seguin P J. 2003. Dividend policy and cash flow uncertainty. Social Science Research Network.

Brav A, Graham J R, Harvey C R, et al. 2005. Payout policy in the 21st century. Journal of Financial Economics, 77 (3): 483-527.

Brouwer M. 2000. Entrepreneurship and uncertainty: innovation and competition among the Many. Small Business Economics, 15 (2): 149.

Caballero R J. 1991. On the sign of the investment-uncertainty relationship. American Economic Review, 81 (1): 279-288.

Campello M, Graham J R, Harvey C R. 2010. The real effects of financial constraints: evidence from a financial crisis. Journal of Financial Economics, 97 (3): 470-487.

Carrière-Swallow Y, Céspedes L F. 2013. The impact of uncertainty shocks in emerging economies. Journal of International Economics, 90 (2): 316-325.

Chan Y, Saffar W, Wei K C. 2019. How economic policy uncertainty affects the cost of raising equity capital: evidence from seasoned equity offering. Social Science Research Network.

Chay J B, Suh J. 2009. Payout policy and cash-flow uncertainty. Journal of Financial Economics, 93 (1): 88-107.

Chi Q, Li W J. 2017. Economic policy uncertainty, credit risks and banks' lending decisions: evidence from Chinese commercial banks. China Journal of Accounting Research, (10): 33-50.

Chidambaram N, John K. 1998. Relationship investing: large shareholder monitoring with managerial cooperation. Social Science Research Network.

Colak G, Durnev A, Qian Y. 2017. Political uncertainty and IPO activity: evidence from U.S. gubernatorial elections. Journal of Financial and Quantitative Analysis, 52 (6): 1-42.

Colombo V. 2013. Economic policy uncertainty in the US: does it matter for the Euro area. Economics Letters, 121 (1): 39-42.

Corwin S A. 2003. The determinants of underpricing for seasoned equity offers. Journal of Finance, (58): 2249-2279.

Cremers M, Yan H. 2012. Uncertainty and valuations. Social Science Research Network.

Dai L, Ngo P T H. 2013. Political uncertainty and accounting conservatism: evidence from the U.S. presidential election cycle. Munich Personal RePEc Archive.

DeAngelo H, DeAngelo L, Whited T M. 2011. Capital structure dynamics and transitory debt. Journal of Financial Economics, (99): 235-261.

Dechow P M. 1994. Accounting earnings and cash flows as measures of firm performance: the role of accounting accruals. Journal of Accounting & Economics, 18 (1): 3-42.

Dixit A K, Pindyck R S. 1994. Investment Under Uncertainty. Princeton: Princeton University Press.

Dudley E. 2012. Capital structure and large investment projects. Journal of Corporate Finance, (18): 1168-1192.

Easterbrook F H. 1984. Two agency-cost explanations of dividends. The American Economic Review, 74 (4): 650-659.

Edmans A. 2009. Blockholder trading, market efficiency, and managerial myopia. Journal of Finance, 64 (6): 2481-2513.

Eisdorfer A. 2008. Empirical evidence of risk shifting in financially distressed firms. Journal of Finance, 63 (2): 609-637.

Faccio M, Marchica M, Mura R. 2011. Large shareholder diversification and corporate risk-taking. The Review of Financial Studies, 24 (11): 3601-3641.

Faccio M, Masulis R, McConnell J J. 2006. Political connections and corporate bailouts. The Journal of Finance, 61 (6): 2597-2635.

Fairfield P M, Whisenant J S, Yohn T L. 2003. Accrued earnings and growth: implications for future profitability and market mispricing. Accounting Review, 78 (1): 353-371.

Farinas J C, Ruano S. 2005. Firm productivity, heterogeneity, sunk costs and market selection. International Journal of Industrial Organization, 23 (7): 505-534.

Farooq O, Ahmed N. 2019. Dividend policy and political uncertainty: evidence from the US presidential elections. Research in International Business and Finance, (48): 201-209.

Fazzari S, Hubbard R G, Peterson B. 1988. Financing constraints and corporate investment. Brooking Papers on Economic Activities, (1): 141-195.

Ferderer J P. 1993. The impact of uncertainty on aggregate investment spending: an empirical analysis. Journal of Money, Credit and Banking, 25 (1): 30-48.

Ferderer J P. 1996. Oil price volatility and the macroeconomy. Journal of Macroeconomics, 18 (1): 1-26.

Francis B B, Hasan I, Zhu Y. 2014. Political uncertainty and bank loan contracting. Journal of Empirical Finance, (29): 281-286.

Gao P J, Qi Y X. 2019. Political uncertainty and public financing costs: evidence from U.S. municipal bond markets. Social Science Research Network.

Ghosh D, Olsen L. 2009. Environment uncertainty and managers use of discretionary accruals. Accounting, Organizations and Sociaty, 34（2）: 188-205.

Goldberg L S. 1993. Exchange rates and investment in United States industry. Review of Economics and Statistics, 75（4）: 575-589.

Goodwell J W, McGee R J, McGroarty F. 2020. Election uncertainty, economic policy uncertainty and financial market uncertainty: a prediction market analysis. Journal of Banking and Finance, （110）: 1-15.

Greenwald B C, Stiglitz J E. 1990. Asymmetric information and the new theory of the firm: financial constraints and risk behavior. The American Economic Review, 80（2）: 160-165.

Groth J C. 1992. The operating cycle: risk, return and opportunities. Management Decision, 30（4）: 3-11.

Guiso L, Parigi G. 1999. Investment and demand uncertainty. Quarterly Journal of Economics, 114（1）: 185-227.

Gulen H, Ion M. 2015. Policy uncertainty and corporate investment. Review of Financial Studies, 29（3）: 523-564.

Hall B H. 2002. The financing of research and development. Oxford Review of Economic Policy, 18（1）: 35-51.

Han S, Qiu J. 2007. Corporate precautionary cash holdings. Journal of Corporate Finance, 13（1）: 43-57.

Harris M, Raviv A. 1996. The capital budgeting process: incentives and information. Journal of Finance, （51）: 1139-1174.

Hart O, Moore J. 1995. Debt and seniority: an analysis of the role of hard claims in constraining management. American Economic Review, （85）: 567-585.

Hartman R. 1972. The effects of price and cost uncertainty on investment. Journal of Economic Theory, 5（2）: 258-266.

Hayashi F. 1982. Tobin's marginal q and average q: a neoclassical interpretation. Econometrica, 50（1）: 213-224.

Hopenhayn H, Muniagurria M. 1996. Policy variability and economic growth. Review of Economic Studies, （63）: 611-625.

Huang T, Wu F, Yu J, et al. 2013. Political uncertainty and dividend policy: evidence from international political crisis. Social Science Research Network.

Huang T, Wu F, Yu J, et al. 2015. Political risk and dividend policy: evidence from international political crises. Journal of International Business Studies, 46（5）: 574-595.

Ilut C, Schneider M. 2012. Ambiguous business cycles. NBER Working Paper.

Im H J, Park H, Zhao G. 2017. Uncertainty and the value of cash holdings. Economics Letters,

（155）：43-48.

Jens C E. 2017. Political uncertainty and investment: causal evidence from U.S. gubernatorial elections. Journal of Financial Economics, 124（3）: 563-579.

Jensen M C. 1986. Agency cost of free cash flow, corporate finance and takeovers. American Economic Review, （76）: 323-329.

Jensen M C, Meckling W H. 1976. Theory of the firm: managerial behavior, agency costs and ownership structure. Journal of Financial Economics, 3（4）: 305-360.

Jeong B. 2002. Policy uncertainty and long-run investment and output across countries. International Economic Review, 43（2）: 363-392.

Jones J J. 1991. Earnings management during import relief investigations. Journal of Accounting Research, 29（2）: 193-228.

Judson R A, Owen A L. 1999. Estimating dynamic panel data models: a practical guide for macroeconomists. Economics Letters, 65（1）: 9-15.

Julio B, Yook Y. 2012. Political uncertainty and corporate investment cycles. The Journal of Finance, 67（1）: 45-83.

Kang W, Lee K, Ratti R A. 2014. Economic policy uncertainty and firm-level investment. Journal of Macroeconomics, 39（PA）: 42-53.

Kessides I. 1990. Market concentration, contestability, and sunk costs. Review of Economics and Statistics, （72）: 614-622.

Kim C, Pantzalis C, Park J C. 2012. Political geography and stock returns: the value and risk implications of proximity to political power. Journal of Financial Economics, （106）: 196-228.

Kim H, Kung H. 2016. The asset redeployability channel: how uncertainty affects corporate investment. Review of Financial Studies, 30（1）: 245-280.

Kulatilaka N, Perotti E C. 1998. Strategic growth options. Management Science, 44（8）: 1021-1031.

Lam S S, Pang Z W, Zhang W. 2012. Is the uncertainty of policy stability priced in international equity returns. Social Science Research Network.

Lee Y, Song K. 2012. Financial crisis and corporate cash holdings: evidence from East Asian firms. Journal of Financial and Quantitative Analysis, 47（3）: 617-641.

Li J, Tang Y. 2010. CEO Hubris and firm risk taking in China: the moderating role of managerial discretion. The Academy of Management Journal, 53（1）: 45-68.

Manso G. 2011. Motivating innovation. Journal of Finance, 66（5）: 1823-1860.

McConnell J J, Servaes H. 1990. Additional evidence on equity ownership and corporate value. Journal of Financial Economics, （27）: 595-612.

Miller D, Friesen P H. 1982. Innovation in conservative and entrepreneurial firms: two models of strategic momentum. Strategic Management Journal, 3（1）: 1-25.

Mork R, Shleifer A, Vishny R. 1988. Management ownership and market valuation: an empirical analysis. Journal of Financial Economics, （20）: 293-315.

Moyen D, Platikanov S. 2013. Corporate investments and learning. Review of Finance, 17（4）: 1437-1488.

Murfin J. 2012. The supply-side determinants of loan contract strictness. Journal of Finance, 67（5）: 1565-1601.

Myers S C. 1977. Determinants of corporate borrowing. Journal of Financial Economics, 5（2）: 147-175.

Myers S C, Majluf N S. 1984. Corporate financing and investment decisions when firms have information that investors do not have. Journal of Financial Economics, 13（2）: 187-221.

Nagar V, Schoenfeld J, Wellman L. 2019. The effect of economic policy uncertainty on investor information asymmetry and management disclosures. Journal of Accounting Economics, 67（1）: 36-57.

Nguyen N H, Phan H V. 2017. Policy uncertainty and mergers and acquisitions. Journal of Financial and Quantitative Analysis, 52（2）: 613-644.

Oi W Y. 1961. The desirability of price instability under perfect competition. Econometrica, 29（1）: 58-64.

Panousi V, Papanikolaou D. 2012. Investment, idiosyncratic risk, and ownership. The Journal of Finance, 67（3）: 1113-1148.

Pantzalis C, Stangeland D A, Turtle H J. 2000. Political elections and the resolution of uncertainty: the international evidence. Journal of Banking & Finance, 24（10）: 1575-1604.

Pástor L, Veronesi P. 2003. Stock valuation and learning about profitability. Journal of Finance, （58）: 1749-1789.

Pástor L, Veronesi P. 2012. Uncertainty about government policy and stock prices. Journal of Finance, 67（4）: 1219-1264.

Pástor L, Veronesi P. 2013. Political uncertainty and risk premia. Journal of Financial Economics, 110（3）: 520-545.

Pástor L, Veronesi P. 2019. Political cycles and stock returns. Social Science Research Network.

Phan H V, Nguyen N H, Nguyen H T, et al. 2019. Policy uncertainty and firm cash holdings. Journal of Business Research, （95）: 71-82.

Pindyck R S. 1991. Irreversibility, uncertainty, and investment. Journal of Economic Literature, 29（3）: 1110-1148.

Quagliariello M. 2009. Macroeconomic uncertainty and bank's lending decisions: the case of Italy.

Applied Economics, 41（3）：323-336.

Santos J A C. 2011. Bank corporate loan pricing following the subprime crisis. Review of Financial Studies, 24（6）：1916-1943.

Segal G, Shaliastovich I, Yaron A. 2015. Good and bad uncertainty: macroeconomic and financial market implications. Journal of Financial Economics, 117（2）：369-397.

Shleifer A, Vishny R. 1986. Large shareholders and corporate control. Journal of Political Economy, （94）：448-461.

Simutin M. 2013. Cash holding and mutual fund performance. Social Science Research Network.

Sloan R G. 1996. Do stock prices fully reflect information in accruals and cash flows about future earnings? Social Science Electronic Publishing, 71（3）：289-315.

Stein L C D, Stone E C. 2012. The effect of uncertainty on investment, hiring, and R&D: causal evidence from equity options. Social Science Research Network.

Stulz R M. 1990. Managerial discretion and optimal financing policies. Journal of Financial Economics, （26）：3-27.

Tian X, Ye K. 2017. How does policy uncertainty affect venture capital? Social Science Research Network.

Valencia F. 2017. Aggregate uncertainty and the supply of credit. Journal of Banking & Finance, （81）：150-165.

Voeks R. 1997. Real options: managerial flexibility and strategy in resource allocation: Trigeorgis, Lenos, （The MIT Press, Cambridge, MA, 1996）, US $45.00. Journal of Banking & Finance, 21（2）：285-288.

Waisman M, Ye P, Zhu Y. 2015. The effect of political uncertainty on the cost of corporate debt. Journal of Financial Stability, （16）：106-117.

Walkup B. 2016. The impact of uncertainty on payout policy. Managerial Science, 42（11）：1054-1072.

Wang Y, Chen C R, Huang Y S. 2014. Economic policy uncertainty and corporate investment: evidence from China. Pacific-Basin Finance Journal, （26）：227-243.

Zhang G, Han J, Pan Z, et al. 2015. Economic policy uncertainty and capital structure choice: evidence from China. Economic Systems, 39（3）：439-457.

Zhang X F. 2007. Accruals, investment, and the accrual anomaly. Accounting Review, 82（5）：1333-1363.